HILOS OCULTOS DE LA RAZÓN

Cómo las distorsiones cognitivas
guían nuestras vidas

UN VIAJE DE DESCUBRIMIENTO POR EL PAISAJE DE LA MENTE HUMANA

Franz Winter

PRÓLOGO

Bienvenido a un viaje por los rincones ocultos de la mente humana, una expedición que arroja luz sobre los hilos invisibles que guían nuestros pensamientos y decisiones. En este libro, "Hilos ocultos de la razón: cómo los sesgos cognitivos guían nuestras vidas", el Sr. Franz Winter abre las puertas a espacios de la mente desconocidos para muchos de nosotros, aunque los habitemos a diario.

Cada capítulo de este libro representa un mundo en sí mismo, en el que el Sr. Winter nos lleva suavemente de la mano y nos revela las sutiles pero poderosas fuerzas que influyen en nuestra percepción de la realidad, nuestras interacciones con los demás y nuestras elecciones. Desde el efecto halo hasta la profecía autocumplida, se despliega un panorama de distorsiones cognitivas tan fascinante como esclarecedor.

La forma de escribir del Sr. Winter es a la vez instructiva y estimulante, llena de ideas profundas y enriquecida con ejemplos de la vida real que hacen que estos conceptos sean comprensibles y tangibles. Es una obra que no sólo satisface el ansia intelectual de conocimiento, sino que también ofrece orientaciones prácticas sobre cómo integrar las ideas en el desarrollo personal y profesional.

El libro es un homenaje a la curiosidad humana y una invitación a ampliar los límites de nuestro propio entendimiento. Los hilos ocultos de la razón invita a explorar la complejidad y la belleza del pensamiento humano y a aprender cómo podemos vivir una vida rica y plena a pesar de nuestras distorsiones e imperfecciones.

Acompañe a Franz Winter en este fascinante viaje y descubra los patrones que moldean inconscientemente su vida. Prepárese para trazar el mapa de su propio paisaje mental y desentrañar los hilos que han permanecido ocultos hasta ahora. Zarpemos juntos en una aventura que promete transformar nuestra perspectiva y capacitarnos para navegar por las aguas de la vida con mayor sabiduría.

LA NATURALEZA DE LAS DISTORSIONES COGNITIVAS

Entramos en un mundo en el que no todo es lo que parece. A menudo, nuestras percepciones, decisiones y juicios no son tanto el resultado de observaciones objetivas como el producto de sutiles distorsiones cognitivas. Pero, ¿qué son exactamente estas distorsiones? ¿Cómo afectan a nuestros pensamientos y actos cotidianos?

Los sesgos cognitivos son patrones sistemáticos de desviación del juicio que influyen en la consideración racional y objetiva de la información. Son los sesgos psicológicos que alejan nuestro pensamiento y nuestras decisiones de la lógica o el análisis objetivo. Estos sesgos surgen por diversas razones: las limitaciones de nuestra capacidad cognitiva, la necesidad de respuestas rápidas en un mundo complejo, la imperfección de nuestra percepción y las influencias emocionales que nos afectan.

El sesgo cognitivo no es un signo de debilidad o deficiencia; es parte integrante de la cognición humana. Nuestros antepasados necesitaban heurísticos (atajos mentales) para sobrevivir en un mundo peligroso e incierto. Estos atajos permitían tomar decisiones rápidas que a menudo salvaban vidas. Sin embargo, en el mundo moderno, donde se requieren decisiones complejas y planificación a largo plazo, estos mismos atajos pueden conducir a errores de juicio y equivocaciones.

En este libro se destacan diversos sesgos de este tipo, desde los más conocidos, como el sesgo de confirmación, que nos lleva a buscar y favorecer la información que respalda nuestras creencias, hasta otros menos conocidos, como la aversión a la ambigüedad, que nos hace desconfiar de las opciones inciertas.

En cada capítulo exploraremos un sesgo concreto: su definición, la psicología que lo impulsa, el modo en que influye en nuestro comportamiento en el mundo real y las estrategias que podemos utilizar para mitigar sus efectos. Al comprender estos patrones, podemos empezar a reconocer y corregir las influencias ocultas que subyacen a nuestros pensamientos y decisiones cotidianos.

Explorar los sesgos cognitivos es algo más que un esfuerzo académico: es un camino hacia la autoconciencia y la superación personal. Si somos conscientes y comprendemos cómo se forman nuestros pensamientos, estaremos mejor preparados para afrontar la vida en todas sus facetas, desde las relaciones personales y las decisiones profesionales hasta las interacciones sociales y las consideraciones globales.

Con este capítulo introductorio como base, le invitamos a unirse a nosotros en un viaje perspicaz a través de los mecanismos ocultos de nuestro pensamiento. Juntos, desentrañaremos los "Hilos ocultos de la razón" y arrojaremos nueva luz sobre las fuerzas ocultas que nos guían y nos dan forma.

HEURÍSTICA DE AFECTACIÓN

En el fascinante mundo de la toma de decisiones humanas, los sesgos cognitivos son esos arquitectos secretos que a menudo trabajan entre bastidores, moldeando nuestros juicios sin que nos demos cuenta. Uno de los sesgos más influyentes e interesantes es el heurístico del afecto. Ilustra cómo nuestros sentimientos -o afectos- sirven como una especie de atajo mental que guía y moldea nuestros procesos de toma de decisiones.

Aspectos básicos

Para entender la heurística de los afectos, empecemos por un principio básico: la heurística son atajos mentales que nuestro cerebro utiliza para tomar decisiones más rápidamente. Estos atajos son esenciales en un mundo que exige constantemente acciones rápidas y eficaces. Pero, ¿qué ocurre cuando estos atajos están influidos por nuestras emociones?

La heurística del afecto describe precisamente este

proceso. Se produce cuando nuestros sentimientos positivos o negativos hacia una persona, lugar, objeto o situación anulan nuestra percepción de riesgos y beneficios. Esto puede llevarnos a tomar decisiones basadas más en nuestros sentimientos que en un análisis objetivo.

Los mecanismos

Por ejemplo, supongamos que está pensando en comprarse un coche nuevo. Un modelo le ha llamado la atención, no sólo por sus especificaciones técnicas, sino también por su color brillante y su diseño elegante, cosas que evocan sentimientos positivos. Aunque los índices de seguridad no sean los mejores, su afecto positivo hacia el coche puede llevarle a subestimar los riesgos. La heurística del afecto ha entrado en acción: Tus sentimientos han anulado tu juicio racional.

Las consecuencias

La heurística afectiva desempeña un papel crucial en muchos aspectos de nuestras vidas, desde las decisiones individuales hasta las políticas públicas. En el mundo financiero, por ejemplo, puede llevar a decisiones de inversión precipitadas cuando los inversores se dejan llevar por sus emociones e ignoran los riesgos reales. En sanidad, puede influir en la forma de evaluar los beneficios y riesgos de los tratamientos.

La heurística del afecto

Superar la heurística del afecto requiere conciencia y pensamiento crítico. Se trata de dar un paso atrás y reconocer que nuestras emociones pueden influir en nuestras decisiones. Al cuestionar nuestras reacciones emocionales iniciales y buscar datos objetivos, podemos mitigar los efectos del heurístico afectivo.

En un mundo en el que la información y las noticias se difunden a la velocidad del rayo y a menudo se diseñan para provocar fuertes respuestas emocionales, la heurística del afecto es más relevante que nunca. Es fácil dejarse llevar por titulares e historias que apelan a nuestras emociones y fomentan juicios rápidos sin tomarse el tiempo de comprobar los hechos.

El heurístico afectivo es una poderosa herramienta de nuestra mente: nos ayuda a actuar con rapidez cuando es necesario. Pero también es una fuente de errores potenciales en nuestro pensamiento y nuestros juicios. Si entendemos cómo y por qué nuestras emociones influyen en nuestra toma de decisiones, podemos aprender a tomar decisiones más inteligentes y fundamentadas.

PENSAR TODO O NADA

Al embarcarnos en un viaje para desentrañar los sutiles sesgos de nuestro pensamiento, nos encontramos con una mentalidad especialmente insidiosa y común conocida como pensamiento de todo o nada, a veces denominado pensamiento en blanco y negro. Este capítulo está dedicado a este extremismo cognitivo que no deja espacio para los matices de gris y canaliza nuestro juicio como un rígido conjunto de reglas.

La naturaleza del pensamiento "todo o nada

El pensamiento de todo o nada es un sesgo cognitivo que hace que la gente vea las cosas en términos absolutos y dicotómicos. Un éxito debe ser perfecto, de lo contrario es un fracaso; un día es bueno o malo, sin matices; una persona es amiga o enemiga. Esta distorsión nos hace pensar y actuar en términos extremos, lo que a menudo conduce a expectativas poco realistas y a la decepción.

Los efectos

Las consecuencias del pensamiento "todo o nada" pueden ser profundas en muchos ámbitos de nuestra vida. A nivel personal, puede conducir a una dura autocrítica y a una disminución de la autoestima, ya que las personas tienden a devaluar sus logros si no son "perfectas". En las relaciones interpersonales, puede dar lugar a malentendidos y conflictos, ya que se ignoran los matices y las complejas realidades de las interacciones humanas.

Pensemos en un empleado que presenta un proyecto. Si los comentarios son mayoritariamente positivos pero incluyen alguna crítica constructiva, una persona que tiende a pensar en todo o nada podría centrarse exclusivamente en los comentarios críticos y considerar la presentación como un fracaso total. Esta mentalidad obstaculiza el aprendizaje y el desarrollo personal, ya que no acepta resultados mixtos o éxitos parciales.

El reto del equilibrio

La dificultad de hacer frente a este sesgo reside en encontrar un equilibrio entre los objetivos ambiciosos y la aceptación de la imperfección. No se trata de renunciar a la búsqueda de la excelencia, sino de reconocer que los errores y las debilidades forman parte de la experiencia humana. Comprender que algo rara vez es absolutamente bueno o absolutamente malo abre el camino a un mayor equilibrio y satisfacción.

Estrategias para superar

Para superar el pensamiento de todo o nada, es útil ser consciente de cuándo y cómo se produce esta forma de pensar. Cuestionarse las propias creencias y buscar conscientemente matices de gris en cada situación puede allanar el camino hacia una comprensión más matizada. Técnicas como la reestructuración cognitiva de la terapia cognitivo-conductual pueden ayudar a transformar patrones de pensamiento absolutos en creencias más flexibles.

La importancia de la flexibilidad

La flexibilidad de pensamiento es un componente clave para acabar con los patrones de pensamiento de todo o nada. Requiere desarrollar tolerancia a la ambigüedad y aceptar que la vida es a menudo una mezcla de lo bueno y lo malo. Al cultivar la flexibilidad, podemos ser más resistentes a los contratiempos y mejorar nuestra capacidad de adaptación al cambio.

Pensar "todo o nada" limita nuestro potencial de crecimiento y satisfacción y puede ser fuente de conflictos y autocrítica innecesarios. Al reconocer los matices de nuestras experiencias y aprender a modular nuestro pensamiento, podemos desarrollar una perspectiva de la vida más rica y satisfactoria.

EFECTO ANDORRA

En nuestra continua exploración de los sesgos cognitivos, nos encontramos ahora con un fenómeno que, aunque no es tan conocido como otros sesgos, sigue ofreciendo profundas perspectivas sobre la complejidad del juicio humano. El efecto Andorra describe un sesgo en el que se juzga a las personas basándose en prejuicios o estereotipos asociados a un grupo al que pertenecen, o en un único aspecto de su identidad o comportamiento. Su nombre hace referencia a la obra "Andorra" de Max Frisch, en la que el protagonista es tratado injustamente debido a falsas suposiciones sobre sus orígenes.

El núcleo del efecto Andorra

Este efecto ilustra la tendencia humana a categorizar y juzgar a los individuos basándose en una perspectiva limitada. En lugar de ver a la persona como un todo, nos centramos en un único aspecto de su identidad -por ejemplo, su nacionalidad, profesión o una determinada acción e inferimos de ello toda su persona.

La dinámica de los estereotipos

Los estereotipos son fundamentales para el efecto Andorra. Son los guiones preconcebidos que tenemos en la cabeza y que nos dicen lo que debemos esperar de los miembros de determinados grupos. Estos estereotipos pueden estar profundamente arraigados en la cultura y a menudo son difíciles de reconocer y cuestionar, ya que se ven reforzados por los medios de comunicación, las tradiciones y las narrativas sociales.

Efectos y ejemplos

El impacto del efecto Andorra puede ser de gran alcance, desde simples malentendidos hasta graves injusticias sociales. Un ejemplo clásico sería el caso de una persona a la que se encasilla en función de su etnia o su estatus socioeconómico sin tener en cuenta sus capacidades individuales o sus rasgos de carácter.

A nivel personal, el efecto Andorra puede hacer que la gente se sienta incomprendida o injustamente tratada, lo que puede conducir a una baja autoestima y al aislamiento social. A nivel social, puede reforzar la discriminación y la división social al enfatizar las identidades de grupo y socavar la conexión y el entendimiento interpersonales.

Contramedidas

Para superar el efecto Andorra, es crucial concienciar y tomar medidas activas. La educación y los encuentros interculturales pueden contribuir a acabar con los estereotipos. Se puede animar a los individuos a practicar el pensamiento reflexivo cuestionando sus propios prejuicios y embarcándose en la búsqueda de una comprensión más profunda de la singularidad de cada persona.

El Efecto Andorra nos recuerda que debemos reconocer la complejidad de la identidad humana y los límites de nuestras ideas preconcebidas. Al aprender a mirar más allá de la superficie y ver a cada persona como el individuo de múltiples capas que es, podemos desarrollar una comprensión más profunda y compasión por la diversidad de la experiencia humana.

EFECTO ANCLA

En los procelosos mares de la toma de decisiones, existe un sesgo cognitivo que a menudo nos ata inconscientemente a un punto de partida y distorsiona nuestros juicios y estimaciones. Este ancla, a menudo un número o un dato al que accedemos en primer lugar, tiene una influencia duradera en la forma en que interpretamos y procesamos la información posterior. Llamamos a este fenómeno "efecto ancla".

El efecto ancla se produce cuando los individuos confían demasiado en una información inicial - el "ancla"- a la hora de tomar decisiones. Una vez fijada, esta ancla tiene el poder de influir en la percepción y evaluación de la información posterior, a menudo sin que el individuo sea consciente de esta influencia.

El poder de la primera impresión

El primer número que oímos, la primera impresión que tenemos o la primera información que se nos presenta pueden servirnos de anclaje. Esto ocurre porque nuestro cerebro intenta desarrollar una comprensión coherente del mundo y, para ello, suele recurrir a la información fácilmente disponible para iniciar el proceso de toma de decisiones.

El efecto ancla puede darse en varios contextos: en negociaciones salariales, evaluaciones de precios, estimaciones de probabilidades e incluso en el sistema judicial a la hora de determinar las penas. Por ejemplo, un precio de salida elevado para una casa podría actuar como ancla para los compradores potenciales y hacer que estén dispuestos a pagar más de lo que habían previsto en un principio.

Pruebas experimentales

El efecto ancla está bien documentado en numerosos experimentos y estudios. En un experimento clásico de Tversky y Kahneman, se pidió a los participantes que calcularan el porcentaje de países africanos en las Naciones Unidas. Antes de dar su estimación, hicieron girar una ruleta de la fortuna que mostraba números aleatorios. Los investigadores descubrieron que el número aleatorio de la ruleta de la fortuna influía en las estimaciones de los participantes, una prueba clara del efecto ancla.

El efecto ancla

Para reducir la influencia del efecto ancla, es importante ser consciente del fenómeno y buscar activamente información que sea independiente del ancla. Una estrategia puede consistir en fijar conscientemente un contraanclaje, es decir, un número o dato que difiera del anclaje original para ampliar el abanico de opciones posibles.

El pensamiento crítico es clave para superar el efecto ancla. Cuestionar el anclaje, buscar pruebas contrarias y evaluar todo el contexto puede ayudar a minimizar su efecto. Además, buscar una segunda opinión o hacer una pausa antes de tomar una decisión puede ayudar a evitar una acción impulsiva basada en un ancla.

El efecto ancla es una prueba fehaciente de cómo las primeras impresiones pueden moldear nuestras percepciones. Ya sea en los negocios, el derecho o la vida personal, ser conscientes de este sesgo puede ayudarnos a tomar decisiones más informadas y objetivas.

ERROR DE ATRIBUCIÓN

El mosaico del comportamiento humano es complejo y tiene múltiples capas. Cada acción es el resultado de una interacción de motivos individuales, condiciones ambientales y dinámicas psicológicas. Sin embargo, en la vida cotidiana a menudo tendemos a simplificar este entramado de causas cometiendo un cortocircuito cognitivo conocido como error de atribución.

El error fundamental de atribución, también conocido como sesgo de correspondencia, es la tendencia a subestimar la influencia de los factores situacionales en el comportamiento de los demás mientras se sobrestima el papel de los rasgos de personalidad. Vemos a alguien actuar de una determinada manera y rápidamente inferimos su carácter sin tener en cuenta posibles influencias externas.

Mecanismos del error
Esta distorsión tiene su origen en nuestra

necesidad de hacer predecible y explicable el mundo que nos rodea. Al atribuir rasgos de carácter fijos a los comportamientos, nos sentimos más seguros en nuestras expectativas y juicios. Además, a menudo es más fácil y lleva menos tiempo explicar el comportamiento mediante rasgos de personalidad coherentes que analizar el complejo contexto social o ambiental.

Ejemplos y consecuencias

Un ejemplo clásico del error de atribución es observar a un colega que llega tarde a una reunión importante. Podríamos pensar rápidamente que esa persona es desorganizada o irrespetuosa, en lugar de considerar que puede haberse encontrado con problemas de tráfico imprevistos. Este sesgo puede dar lugar a malentendidos y juicios injustos que tensan la interacción social.

El impacto en las relaciones interpersonales

El error de atribución puede tener graves repercusiones en las relaciones personales y los entornos de trabajo. Cuando la gente saca conclusiones precipitadas sobre características internas, puede provocar conflictos, desconfianza y un ambiente tóxico. A menudo nos impide mostrar empatía y comprender las verdaderas causas del comportamiento de los demás.

Estrategias para superar

Para superar el error de atribución, tenemos

que hacer un esfuerzo activo por considerar los factores situacionales y desarrollar una visión más holística del comportamiento de los demás. Esto incluye hacernos preguntas como: "¿Qué circunstancias externas podrían haber llevado a este comportamiento?" o "¿He actuado yo alguna vez de forma similar y cuáles fueron mis razones?".

Ser consciente del error de atribución y hacer un esfuerzo consciente por practicar la empatía puede ayudar a mitigar sus efectos. Reconocer que el comportamiento de los demás suele ser un reflejo de sus circunstancias nos permite ser más abiertos y justos en nuestras interacciones.

El error de atribución es un reflejo de nuestra tendencia a pensar en términos de historias que tienen causas simples y héroes o villanos claros. Sin embargo, al ampliar nuestra comprensión de las razones del comportamiento humano y desarrollar la empatía, podemos superar las limitaciones de nuestro propio juicio.

ILUSIÓN DE FRECUENCIA

Imagínese que oye hablar por primera vez de un fenómeno, una palabra nueva o una marca. De repente, parece como si te la encontraras por todas partes. Esta experiencia, conocida como ilusión de frecuencia o fenómeno Baader-Meinhof, es una distorsión cognitiva que distorsiona gravemente nuestra conciencia de la frecuencia con la que nos encontramos con un objeto o concepto concreto.

La ilusión de frecuencia se produce cuando un concepto u objeto de repente parece estar en todas partes después de haber captado nuestra atención. Este fenómeno se produce porque nuestro cerebro da prioridad a los patrones y a la información recién reconocida, lo que hace que nos fijemos en esta información más a menudo y le demos más importancia.

Atención selectiva
La clave para entender la ilusión de frecuencia reside en nuestra atención selectiva. Una vez que

se despierta nuestro interés por un tema concreto, estamos más inclinados a fijarnos en él en nuestro entorno. Esto no se debe a que esta información sea objetivamente más frecuente, sino a que nuestro cerebro se ha vuelto más sensible a ella.

Sesgo de confirmación

Estrechamente relacionado con la ilusión de frecuencia está el sesgo de confirmación, que hace que prestemos más atención y recordemos más la información que apoya nuestros intereses o creencias recién descubiertos. Juntos, estos dos sesgos pueden distorsionar nuestra percepción de la realidad y la frecuencia.

Impacto personal y social

La ilusión de frecuencia puede ser inofensiva cuando se refiere a cosas triviales como una canción o una palabra de moda. Sin embargo, también puede resultar problemática cuando influye en nuestras creencias y decisiones, por ejemplo en política o interacción social, al hacernos creer que determinadas opiniones o acontecimientos están más extendidos de lo que realmente están.

Superar la ilusión de la frecuencia

Para contrarrestar la ilusión de frecuencia, puede ser útil desarrollar una conciencia de nuestras distorsiones cognitivas y cuestionar críticamente si el aumento de la frecuencia de percepción de la información corresponde realmente a un aumento objetivo de su presencia o es simplemente el producto de nuestra atención selectiva.

El pensamiento crítico es esencial para combatir la ilusión de la frecuencia. Cuestionar nuestras propias percepciones y buscar activamente distintas fuentes de información puede ayudar a tener una visión más equilibrada de la realidad. También es útil conocer diversas perspectivas y opiniones para romper con nuestras propias percepciones selectivas.

La ilusión de frecuencia es un ejemplo fascinante de cómo nuestra percepción del mundo que nos rodea está moldeada por los filtros de nuestra atención y memoria. Al aprender a reconocer y abordar los mecanismos que subyacen a esta distorsión, podemos acercarnos un paso más a una visión más objetiva del mundo.

EFECTO CONTRAPRODUC ENTE

En una época caracterizada por la sobrecarga de información y las opiniones polarizadas, nos encontramos con otro mecanismo psicológico que pone a prueba nuestra capacidad para procesar la información y cambiar de opinión: el efecto contraproducente. Éste describe el fenómeno por el que las personas, cuando se enfrentan a pruebas que contradicen sus creencias, no sólo no corrigen sus opiniones erróneas, sino que las defienden con más fuerza aún.

El efecto contraproducente está profundamente arraigado en nuestro deseo de coherencia cognitiva y nuestra necesidad de proteger la imagen que tenemos de nosotros mismos. La información que cuestiona nuestra visión del mundo suele percibirse como una amenaza. En lugar de replantearnos nuestros puntos de vista, tendemos a reforzarlos aún más.

Confrontación con pruebas contrarias

¿Qué ocurre cuando nos enfrentamos a pruebas que contradicen nuestras creencias? En teoría, deberíamos ajustar nuestras opiniones para tener en cuenta las nuevas pruebas. En la realidad, sin embargo, esto a menudo conduce a un refuerzo de la creencia original, un contragolpe psicológico conocido como efecto contraproducente.

Ejemplos del efecto contraproducente

Un ejemplo clásico del efecto contraproducente es el debate político. Los votantes pueden verse confrontados a hechos objetivos que refutan las promesas de un candidato favorito, y aun así se aferran a su apoyo con mayor firmeza. Fenómenos similares ocurren cuando se debaten cuestiones científicas, como el debate sobre la vacunación o el cambio climático.

El efecto contraproducente

Superar el efecto contraproducente es todo un reto. Requiere estrategias que vayan más allá de la mera presentación de hechos. La comunicación empática, la presentación de relatos que respeten la identidad de las personas y la orientación suave hacia la autorreflexión crítica pueden ser más eficaces que los argumentos de confrontación.

La educación y la concienciación desempeñan un papel crucial para combatir el efecto contraproducente. Una clave puede ser promover el pensamiento crítico y la alfabetización mediática para que las personas aprendan a evaluar mejor la información y las fuentes y adopten una actitud más abierta a cambiar sus creencias.

La paciencia y la persistencia también son importantes cuando nos enfrentamos al efecto contraproducente. Cambiar creencias profundamente arraigadas es un proceso que requiere tiempo y confrontaciones repetidas pero suaves con pruebas contrarias.

El efecto contraproducente es un poderoso ejemplo de lo profundamente arraigadas que están nuestras creencias en el concepto que tenemos de nosotros mismos y de lo difícil que puede resultar cambiarlas. Si comprendemos los mecanismos emocionales y psicológicos subyacentes, podremos desarrollar formas más eficaces de entablar diálogos constructivos y promover una sociedad que valore la toma de decisiones basada en hechos.

EFECTO BARNUM

Atraviese las puertas de la creencia y la sugestionabilidad humanas y descubrirá otro curioso fenómeno: el Efecto Barnum. Llamado así por el pionero del circo P.T. Barnum, conocido por decir que "por cada cliente hay un tonto", este efecto ilustra cómo pueden manipularse los sistemas de creencias individuales y el deseo de autocomprensión.

La ilusión de la relevancia personal

El efecto Barnum describe la tendencia de las personas a considerar las afirmaciones vagas y generalizadas sobre sí mismas como muy específicas y precisas, a pesar de que estas afirmaciones podrían aplicarse a casi cualquier persona. Ilustra nuestra tendencia a encontrar un significado personal en afirmaciones que en realidad son amplias y abiertas a la interpretación.

Los psicólogos y mentalistas suelen utilizar afirmaciones que suenan lo bastante específicas como para ser personalmente relevantes, pero lo bastante vagas como para ser aplicables a un grupo demográfico amplio. Ejemplos de ello son los horóscopos, los tests de personalidad e incluso algunas formas de feedback en el lugar de trabajo.

El efecto Barnum juega con nuestra capacidad de autoafirmación. Tendemos a aceptar la información que confirma nuestra autopercepción y a ignorar o racionalizar la que no lo hace. Este efecto explica en parte por qué las afirmaciones generales pueden atraernos personalmente: son lo bastante flexibles como para ajustarse a nuestra propia visión de nosotros mismos.

El impacto del efecto Barnum

Aunque suele ser inofensivo e incluso divertido en algunos contextos, el efecto Barnum también puede abrir la puerta a la manipulación y el engaño. Puede contribuir a que la gente crea en explicaciones pseudocientíficas, como la astrología o la grafología, y tome así decisiones importantes basadas en afirmaciones que carecen de base real.

El pensamiento crítico como antídoto

El pensamiento crítico y el escepticismo son herramientas importantes para hacer frente al efecto Barnum. Si aprendemos a analizar el contenido concreto de las afirmaciones y a cuestionar su validez, evitaremos caer en afirmaciones generales disfrazadas de ideas personales.

Un conocimiento más profundo de uno mismo

también puede ayudar a superar el efecto Barnum. Cuando las personas tienen un conocimiento claro de sus rasgos de personalidad, son menos susceptibles a la atracción de afirmaciones vagas que pueden parecer "correctas" pero que no ofrecen información sustancial.

El efecto Barnum revela la sutil línea que separa el significado individual de la generalidad colectiva. Nos enseña a examinar críticamente la validez de la información que recibimos sobre nosotros mismos y a cuestionar cómo se genera esa información. Mientras seguimos navegando por el laberinto de las distorsiones cognitivas, nos esforzaremos por desarrollar herramientas que nos ayuden a pensar y actuar con mayor precisión.

INSISTIR EN LAS CONDENAS

La perseverancia en las creencias, también conocida como perseverancia en las creencias, es un sesgo cognitivo que describe cómo las personas se aferran a sus creencias originales incluso después de que hayan sido desconfirmadas por nueva información. Este fenómeno muestra la fuerza de nuestras creencias internas y cómo pueden moldear y reforzar nuestra percepción de la realidad.

Las raíces de la perseverancia en la persuasión
La insistencia en las creencias está profundamente arraigada en nuestro afán psicológico de coherencia. Nuestras ideas y creencias son una parte importante de la imagen que tenemos de nosotros mismos y de nuestra visión del mundo. Nos dan una sensación de previsibilidad y seguridad. Por tanto, cambiar una creencia puede significar que tenemos que admitir que estábamos equivocados, lo que a menudo se percibe como una

amenaza para nuestra autoestima.

Ejemplos de insistencia en las creencias

Este fenómeno es visible en muchos ámbitos de la vida, desde la política, donde los partidarios suelen ignorar la información que cuestiona su postura política, hasta las relaciones personales, donde las personas pueden tener dificultades para cambiar de opinión sobre los demás incluso cuando reciben información nueva y contradictoria sobre ellos.

La influencia de la disonancia cognitiva

Un elemento clave en la persistencia de las creencias es la disonancia cognitiva, el incómodo estado psicológico que surge cuando una nueva información contradice nuestras creencias existentes. Para evitar o reducir la disonancia, tendemos a rechazar, ignorar o reinterpretar las nuevas pruebas en lugar de cambiar nuestras creencias.

Estrategias contra la insistencia en las condenas

Para combatir la perseverancia en las creencias, puede ser útil practicar técnicas de reflexión crítica y duda constructiva. Debemos tratar de analizar conscientemente la información desde distintos ángulos y cuestionar las fuentes de nuestras creencias. También puede ser útil ponernos en el lugar de quienes no están de acuerdo con nosotros para comprender mejor puntos de vista alternativos.

La comunicación abierta y honesta también puede ayudar a romper la solidez de nuestras creencias. Los debates que promueven la comprensión genuina e incluyen diferentes perspectivas pueden derribar los muros que hemos construido en torno a nuestras creencias.

La insistencia en las creencias muestra el poder que nuestro sistema de creencias tiene sobre nosotros. Subraya la importancia de ser flexibles y estar abiertos a nueva información e ideas. Si aprendemos a cuestionar nuestras creencias y a aceptar la posibilidad de que estemos equivocados, podremos adquirir una comprensión más profunda y completa del mundo.

SESGO DE CREENCIA

Entramos ahora en el terreno de uno de los sesgos cognitivos más sutiles pero poderosos: el sesgo de creencia. Este fenómeno impregna nuestra lógica y nuestro pensamiento crítico al mostrar cómo nuestras creencias influyen en el juicio sobre la validez de los argumentos y la aceptación de las conclusiones.

La naturaleza del sesgo de creencia

El sesgo de creencia es la tendencia a juzgar la fuerza de un argumento basándose en la verosimilitud de su conclusión, en lugar de en la lógica con la que está construido el argumento. En pocas palabras, si una conclusión es coherente con nuestras propias creencias, nos inclinamos a aceptarla como cierta, aunque el razonamiento subyacente sea erróneo.

Lógica frente a convicción

La lógica es una herramienta objetiva que debería funcionar independientemente de las creencias personales. Sin embargo, el sesgo de creencia revela cómo nuestras creencias personales pueden distorsionar nuestro juicio sobre la estructura lógica de un argumento. Cuando un argumento lleva a una conclusión que creemos deseable o ya creíble, tendemos a considerar el argumento más sólido de lo que es en realidad.

Ejemplos del sesgo de creencia

En la vida cotidiana, el sesgo de creencia puede producirse cuando alguien se decanta por una fuente de noticias o un comentarista político simplemente porque las conclusiones presentadas coinciden con sus propias creencias. Esto puede conducir a la ignorancia de perspectivas alternativas y al refuerzo de las cámaras de eco.

El impacto en la toma de decisiones

El sesgo de creencia puede mermar considerablemente la calidad de nuestra toma de decisiones, ya que nos impide evaluar objetivamente la información. En la justicia, la ciencia y la vida cotidiana, este sesgo puede llevar a conclusiones erróneas y obstaculizar la búsqueda de la verdad y de soluciones justas.

Estrategias para superar el sesgo de creencia

Para superar el sesgo de las creencias, es importante concienciarse de las propias creencias fundamentales y tratar activamente de analizar los argumentos en función de su estructura lógica y no de sus conclusiones. Los siguientes pasos pueden ayudar:

Examinar críticamente los argumentos: Independientemente de que una conclusión sea agradable o desagradable, hay que examinar críticamente las premisas y la lógica que conducen a esa conclusión.

Explora puntos de vista opuestos: Participar activamente en argumentos que contradicen las propias creencias puede ayudar a minimizar los prejuicios.

Entrenar el pensamiento lógico: Mejorar las habilidades de pensamiento lógico puede ayudarnos a construir y analizar mejor los argumentos.

Buscar opiniones: Los comentarios de otras personas que no comparten las mismas creencias pueden ayudarnos a reconocer nuestros propios errores de pensamiento.

El sesgo de creencia es un poderoso testimonio de cómo nuestras creencias más profundas pueden colorear la lente a través de la cual vemos el mundo. Nos advierte de que debemos ser cautos a la hora de juzgar los argumentos y humildes ante nuestras propias limitaciones cognitivas. Al aceptar el reto de refinar nuestros procesos de pensamiento, podemos acercarnos al ideal de una evaluación más objetiva de la información.

EFECTO DE POSESIÓN

El siguiente capítulo de nuestro libro nos adentra en el mundo del efecto posesión, también conocido como efecto dotación. Describe nuestra tendencia a dar más valor a las cosas que poseemos que a las que no poseemos. Se trata de un sesgo cognitivo que está profundamente arraigado en nuestra psique y muestra cómo las posesiones moldean e influyen en nuestro juicio.

La psicología del efecto posesión

El efecto posesión se basa en el simple pero profundo hecho de que tendemos a valorar más nuestras propias posesiones que posesiones idénticas pertenecientes a otros. Este efecto suele desencadenarse por el propio acto de posesión: en cuanto consideramos que algo es nuestro, su valor subjetivo aumenta a nuestros ojos.

La valoración de lo propio

Este efecto puede observarse en muchos ámbitos de nuestra vida, desde la reticencia a vender posesiones preciadas hasta la sobrevaloración de nuestras propias ideas y opiniones. También está muy extendido en los negocios, donde compradores y vendedores suelen tener ideas muy distintas sobre el valor de un mismo objeto.

Pruebas experimentales

En los experimentos clásicos sobre el efecto de posesión, se entregaban a los participantes objetos al azar y se les pedía después que los valoraran o intercambiaran. Se demostró sistemáticamente que los participantes que consideraban que un objeto era suyo lo valoraban más y estaban menos dispuestos a intercambiarlo que los que no lo poseían.

Efectos sobre el mercado y las decisiones

El efecto propiedad tiene un impacto significativo en la economía y puede provocar una inflación de los precios o dificultades en las negociaciones. También influye en las decisiones personales, por ejemplo a la hora de vender una propiedad o conservar acciones, aunque los análisis racionales aconsejen venderlas.

Superar el efecto posesión

Para superar el efecto posesión, es útil adoptar una perspectiva distanciada y juzgar el valor de un objeto o una idea de forma más objetiva. Debes preguntarte: "¿Qué valor le daría a este objeto si no lo poseyera?".

La conciencia del efecto posesión y la búsqueda de una valoración racional de las cosas, independientemente de su estatus de propiedad, pueden conducir a decisiones más justas y equilibradas. Al desplazar la atención de nuestra conexión personal con un objeto a sus atributos funcionales o basados en el mercado, podemos contrarrestar el efecto.

El efecto posesión nos enseña que el valor que otorgamos a las cosas depende no sólo de su utilidad objetiva o su rareza, sino también del valor personal, a menudo irracional, que les atribuimos. Comprendiendo y reconociendo este sesgo, podemos intentar aportar más racionalidad a nuestras evaluaciones y decisiones.

ERROR DE CONFIRMACIÓN

Pasamos ahora a uno de los sesgos cognitivos más omnipresentes e influyentes: el sesgo de confirmación, también conocido como sesgo confirmatorio. Este capítulo explora cómo nuestros sesgos, creencias y suposiciones previas influyen en la forma en que buscamos, interpretamos y recordamos la información.

La naturaleza del error de confirmación

El sesgo de confirmación se refiere a la tendencia a buscar, interpretar, favorecer y recordar información de forma que confirme nuestras creencias o valores previos. Revela nuestra ceguera parcial ante las pruebas contrarias y nuestra tendencia a favorecer las pruebas que apoyan nuestros puntos de vista preexistentes.

Búsqueda selectiva de información

Una de las expresiones más importantes del sesgo de confirmación es la búsqueda selectiva de información. Tendemos a buscar datos u opiniones de expertos que refuercen nuestros puntos de vista, mientras que evitamos o desacreditamos la información contraria.

La interpretación de las pruebas

No sólo afecta a la búsqueda de información, sino también a su interpretación. Incluso cuando nos enfrentamos a pruebas contrarias, a menudo las interpretamos de un modo que nos permite aferrarnos a nuestras creencias originales.

La influencia en las decisiones

El sesgo de confirmación afecta a nuestra toma de decisiones y puede provocar diversos problemas, desde decisiones empresariales ineficaces hasta opiniones políticas polarizadas. En ciencia, puede conducir a una orientación sesgada de la investigación, en la que sólo se tienen en cuenta los datos que se ajustan a la hipótesis.

Métodos para combatir el error de confirmación

Para superar el sesgo de confirmación, debemos buscar y considerar conscientemente puntos de vista opuestos. Esto puede facilitarse con los siguientes enfoques:

Escuchar activamente: Participar conscientemente en los argumentos que se oponen a los nuestros, intentando comprenderlos en lugar de refutarlos inmediatamente.

Reflexión crítica: Cuestionarse y comprobar

periódicamente la validez de las propias convicciones.

Diversificación de las fuentes de información: Obtenga diferentes perspectivas utilizando una amplia gama de fuentes de información.

Revisión por pares: Obtener comentarios y críticas de otras personas, especialmente de aquellas con perspectivas diferentes.

El sesgo de confirmación es un reto fundamental para nuestra búsqueda de la objetividad y la verdad. Si aprendemos a reconocer nuestros propios prejuicios y tomamos medidas para superarlos, podremos tener una visión más equilibrada e informada.

PUNTO CIEGO PARCIAL

La conciencia de los diversos sesgos cognitivos que conforman nuestras percepciones nos lleva a una constatación paradójica: incluso cuando reconocemos la tendencia de los demás a cometer ciertos errores de pensamiento, tendemos a excluirnos de ellos. Esta distorsión de la autopercepción se conoce como el "sesgo del punto ciego": el punto ciego de nuestro propio juicio.

La ironía del punto ciego

El sesgo de punto ciego es el sesgo cognitivo que nos ciega ante la presencia de nuestros propios sesgos cognitivos. Reconocemos e identificamos fácilmente los sesgos cognitivos en los demás, mientras que al mismo tiempo estamos convencidos de que nuestros propios juicios son menos propensos a tales errores. Esta "ceguera" es irónica, ya que el conocimiento de los sesgos cognitivos debería hacernos más sensibles a reconocerlos en nuestro propio pensamiento.

Exceso de confianza y pasar por alto las propias distorsiones

Esta distorsión está profundamente arraigada en nuestra autoimagen y en la sobreestimación de nuestras capacidades analíticas objetivas. Es una especie de autoprotección que nos ayuda a mantener nuestra autoestima conservando la ilusión de que somos más racionales que los demás.

Ejemplos del sesgo del punto ciego

El sesgo de punto ciego puede darse en situaciones muy diversas, desde decisiones cotidianas hasta juicios profesionales importantes. Por ejemplo, un directivo puede estar convencido de que está siendo objetivo en la evaluación del rendimiento de sus empleados y, al mismo tiempo, notar un sesgo en sus colegas.

Efectos del sesgo del ángulo muerto

El impacto de este sesgo puede ser significativo, ya que conduce a una falsa sensación de seguridad en nuestro propio juicio. Esto puede perjudicar nuestra toma de decisiones y cegarnos ante los errores de nuestro pensamiento, lo que a su vez conduce a la arrogancia y a una disminución de la autorreflexión crítica.

Para combatir el sesgo del punto ciego, es crucial que:

Practicar la humildad: Reconocer que nosotros

también somos susceptibles de distorsión.

Fomentar la autorreflexión: Examinar regularmente nuestras propias creencias y procesos de toma de decisiones.

Buscar y aceptar opiniones: Abrirnos a la crítica constructiva de los demás, que puede ayudarnos a identificar nuestros puntos ciegos.

Diversificación de puntos de vista: Abordar una variedad de puntos de vista para obtener una perspectiva más amplia.

El sesgo del punto ciego revela la sutil complejidad de nuestra autopercepción y la importancia de reconocer humildemente nuestras propias limitaciones cognitivas. Si nos esforzamos por sacar a la luz nuestros puntos ciegos, comprenderemos mejor las trampas de nuestro pensamiento y podremos juzgar de forma más equilibrada y reflexiva.

ILUSIÓN DE AGRUPAMIENTO

Nuestra búsqueda de patrones nos lleva a uno de los fenómenos más interesantes de la percepción humana: la ilusión de agrupamiento. Esta ilusión se produce cuando reconocemos patrones en datos aleatorios que no son estadísticamente significativos. Es nuestra tendencia a buscar y encontrar orden en el caos, incluso cuando no existe.

La búsqueda de patrones en la aleatoriedad

La ilusión de agrupamiento es la tendencia a ver patrones y estructuras en sucesos aleatorios. Surge de nuestro deseo inherente de encontrar sentido y orden en el mundo que nos rodea. Esto puede llevarnos a suponer erróneamente que hay un significado subyacente en las agrupaciones o franjas de datos, cuando en realidad son aleatorias.

Ejemplos de la ilusión de agrupamiento

Un ejemplo bien conocido de la ilusión de agrupamiento es el fenómeno de la "mano caliente" en baloncesto, en el que se supone que un jugador que anota varias canastas seguidas está "caliente" y tiene más probabilidades de acertar el siguiente tiro. En realidad, los porcentajes de acierto suelen ser los que cabría esperar de una secuencia aleatoria.

La influencia en las decisiones

La ilusión de agrupamiento no sólo influye en nuestra interpretación de los acontecimientos deportivos, sino también de los mercados financieros, donde los inversores suelen ver patrones en los movimientos de los precios de las acciones donde no los hay. Puede dar lugar a decisiones de inversión arriesgadas cuando los inversores asumen erróneamente que pueden predecir tendencias.

Los retos de superar la ilusión de agrupamiento

Para superar la ilusión de la agrupación, es útil comprender la teoría de la probabilidad y la significación estadística. También requiere disciplina para no sacar conclusiones precipitadas y escepticismo sobre nuestra propia tendencia a reconocer patrones.

Estrategias contra la ilusión de agrupamiento

Educación estadística: Aprender y comprender los fundamentos de la estadística puede ayudarnos a reconocer mejor las distribuciones aleatorias y a distinguirlas de los patrones reales.

Adopte una perspectiva a largo plazo: Los patrones a corto plazo pueden ser engañosos; una perspectiva a largo plazo puede ayudar a identificar las verdaderas tendencias.

Estrategias contraintuitivas: Decidir conscientemente en contra de su primera intuición y tomar decisiones basadas en datos objetivos.

La ilusión de agrupamiento nos enseña a reconocer los límites de nuestra capacidad para reconocer patrones y los peligros potenciales que surgen cuando cedemos a nuestra necesidad de patrones y orden. Si nos esforzamos por adoptar un enfoque crítico y basado en datos, podemos intentar evitar los errores que esta ilusión puede provocar en nuestro juicio.

EFECTO POR DEFECTO

La mente humana es un paisaje de vías ocultas y sesgos silenciosos. Una de estas vías ocultas es el efecto por defecto, también conocido como el sesgo del statu quo. Describe nuestra tendencia a elegir la opción por defecto o mantener el estado actual en lugar de hacer un cambio, aunque éste pueda ser potencialmente beneficioso.

El poder de la preselección
El efecto predeterminado es evidente en muchos ámbitos de nuestras vidas, desde decidir permanecer con un proveedor de electricidad hasta elegir ser donante de órganos. Las opciones por defecto sirven como una especie de punto de anclaje psicológico y a menudo se perciben como caminos recomendados, lo que aumenta su atractivo.

Hay varias razones por las que el efecto predeterminado influye en nuestro comportamiento:

Fatiga de decisión: Dadas las muchas decisiones que tenemos que tomar cada día, mantener el statu quo ofrece un camino de menor resistencia.

Aversión a la pérdida: sentimos la pérdida de algo con más intensidad que la ganancia equivalente, lo que nos lleva a evitar los cambios que conllevan el riesgo de pérdida.

La ilusión de finalidad: los cambios suelen parecer definitivos, mientras que el statu quo se percibe como reversible.

Efectos del efecto por defecto

El efecto por defecto puede tener consecuencias tanto positivas como negativas. Puede hacer que las personas permanezcan en situaciones subóptimas porque son reacias a hacer el esfuerzo de cambiar el statu quo. Por otro lado, puede ser utilizado por empresas y políticos para fomentar comportamientos positivos, como aumentar la participación en planes de pensiones o programas de donación de órganos.

Estrategias para superar el efecto impago

Es importante superar el efecto predeterminado:

Crear conciencia: Tenemos que ser conscientes de la existencia del efecto predeterminado y cuestionarnos activamente si la opción preestablecida es realmente la mejor elección.

Actuar proactivamente: En lugar de posponer las decisiones, debemos recabar información de forma proactiva y sopesar nuestras opciones.

Comprender las ventajas del cambio: Centrarse en los beneficios potenciales del cambio puede ayudar a superar la inercia del statu quo.

El efecto predeterminado es un testimonio de nuestra tendencia a aferrarnos a lo familiar y a rehuir el cambio. Es una herramienta útil para los diseñadores de experiencias de usuario y los responsables políticos, pero también es un escollo que puede impedirnos tomar mejores decisiones. Si comprendemos este efecto y nos implicamos conscientemente en él, podemos aprender a elegir de forma más consciente y no seguir automáticamente el camino de menor resistencia.

EFECTO DE DILUCIÓN

Nuestro viaje mental por el fascinante mundo de las distorsiones cognitivas nos lleva al efecto de dilución. Esta distorsión se produce cuando la información irrelevante diluye el impacto de la información importante y, por tanto, perjudica nuestro juicio. Es como si diluyéramos una copa de buen vino con agua, perdiendo el sabor original.

La naturaleza del efecto de dilución

El efecto de dilución describe cómo la presencia de información irrelevante pero neutra puede llevarnos a dar menos importancia a la información relevante. Este efecto puede producirse, por ejemplo, si al tomar una decisión tenemos en cuenta demasiados detalles que en realidad no aportan nada al asunto.

Ejemplos de la vida cotidiana

Un ejemplo del efecto de dilución podría darse cuando un empresario tiene en cuenta hechos irrelevantes, como las aficiones o el lugar de residencia, además de las cualificaciones y la experiencia profesional de un solicitante a la hora de tomar una decisión de contratación. Esta información irrelevante puede influir en la decisión, aunque no esté directamente relacionada con los requisitos del puesto.

Repercusión en las sentencias y decisiones

El efecto de dilución puede tener efectos desfavorables en muchos contextos:

Jurisprudencia: En los procesos judiciales, detalles irrelevantes sobre el acusado podrían influir en el juicio del jurado.

Decisiones de inversión: Los inversores pueden considerar información irrelevante que diluya sus juicios sobre el valor de una inversión.

Evaluaciones de salud: Los pacientes pueden incluir información irrelevante en sus evaluaciones de salud, lo que conduce a juicios incorrectos.

Estrategias contra el efecto de dilución

Para combatir el efecto de dilución, podemos:

Evaluar la relevancia: evalúe activamente qué información es relevante y elimine conscientemente la información irrelevante.

Mantén la atención: Concéntrese conscientemente en la información clave y absténgase de detalles menos relevantes.

Reflexión consciente: dedicar tiempo a pensar en la base de nuestras decisiones y preguntarnos por qué consideramos importante determinada información.

El efecto de dilución subraya la importancia de la precisión y la concentración en nuestro tratamiento de la información. En un mundo inundado de datos, es crucial afinar la capacidad de separar lo esencial de lo no esencial. Siendo conscientes del efecto de dilución y aplicando estrategias específicas, podemos intentar emitir juicios más claros y eficaces.

EFECTO DE DISPOSICIÓN

En nuestro empeño por descubrir los mecanismos ocultos de nuestra toma de decisiones, nos topamos con un sesgo que influye notablemente en nuestras acciones, especialmente en el ámbito financiero: el efecto disposición. Revela cómo nuestra tendencia a realizar ganancias demasiado pronto y retrasar las pérdidas puede afectar a nuestras carteras y a nuestra salud financiera.

¿Qué es el efecto de disposición?

El efecto de disposición describe la tendencia de los inversores a vender acciones u otros valores que han subido de valor, mientras que tienden a mantener los que han bajado. Este comportamiento suele ir en contra de la estrategia racional de inversión, que dictaría que las pérdidas deberían limitarse y las ganancias dejarse correr.

La psicología detrás del efecto de disposición

Este efecto está profundamente arraigado en la aversión humana a las pérdidas: la idea de que las pérdidas se perciben subjetivamente como más negativas que las ganancias como positivas. Los inversores sujetos al efecto de disposición tratan de evitar la confirmación de una pérdida, lo que les lleva a aferrarse a valores en caída con la esperanza de que se recuperen.

Repercusión del efecto de disposición

Las consecuencias de este efecto son de gran alcance:

Carteras de inversión: Puede dar lugar a una composición subóptima de las carteras de inversión en la que se mantengan inversiones ineficientes.

Dinámica del mercado: El efecto de disposición puede provocar una distorsión de los precios de mercado si un número suficiente de participantes en el mercado actúa de forma similar.

Consecuencias fiscales: La venta prematura de activos puede dar lugar a hechos fiscales desfavorables.

Superar el efecto de disposición

Las siguientes estrategias son útiles para superar el efecto de disposición:

Establezca objetivos a largo plazo: Céntrese en los objetivos de inversión a largo plazo y no reaccione ante las fluctuaciones a corto plazo.

Establecer reglas para invertir: Establece normas predefinidas para vender valores con el fin de minimizar las decisiones emocionales.

Diversificación: Una cartera diversificada puede ayudar a repartir el riesgo y reducir la tendencia a aferrarse a los perdedores.

Planificación fiscal: crear conciencia de las consecuencias fiscales de las decisiones de venta.

El efecto disposición es un ejemplo de cómo nuestras preferencias naturales pueden influir en nuestro comportamiento económico, a menudo en detrimento de nuestros objetivos financieros. Si comprendemos este efecto y aplicamos estrategias disciplinadas de toma de decisiones, podremos luchar mejor contra nuestros impulsos y optimizar nuestro comportamiento financiero.

EFECTO DUNNING-KRUGER

Subimos ahora un peldaño en la escalera de la cognición humana y nos encontramos con el efecto Dunning-Kruger, un sesgo cognitivo que pone a prueba nuestra capacidad de autoevaluación. Este fenómeno muestra cómo nuestra ignorancia suele ir acompañada de un exceso de confianza, mientras que el verdadero conocimiento conlleva humildad.

Conceptos básicos del efecto Dunning-Kruger

El efecto Dunning-Kruger es el sesgo cognitivo por el que las personas con poca competencia en un área tienden a sobrevalorar sus capacidades, mientras que las personas con mucha competencia tienden a subestimarlas. Los que saben poco no reconocen sus carencias, y los que saben mucho son conscientes de los límites de sus conocimientos.

La ironía de la ignorancia

Lo irónico es que la falta de conocimientos - la ignorancia de ciertas normas, técnicas o convenciones- suele conducir a una sensación de seguridad. Sin comprender la complejidad de un tema, las tareas parecen más fáciles y los retos menos desalentadores.

Ejemplos del efecto Dunning-Kruger

Este efecto puede observarse en muchos ámbitos de la vida, desde las actividades de ocio hasta los entornos profesionales. Un ejemplo clásico sería el de un aficionado que cree entender un determinado tema mejor que un experto, o el de un estudiante que subestima la dificultad de un examen por falta de preparación.

Impacto del efecto Dunning-Kruger

Los efectos pueden ir desde errores de juicio inofensivos a errores de juicio graves que pueden tener serias consecuencias en un papel profesional o público. En política, sanidad y empresa, el efecto Dunning-Kruger puede dar lugar a políticas ineficaces, prácticas médicas peligrosas y una gestión deficiente.

Superar el efecto Dunning-Kruger

Estrategias para superar el efecto Dunning-Kruger:

Educación y aprendizaje permanente: La búsqueda de la educación y la conciencia de que siempre hay más que aprender pueden ayudar a minimizar el efecto.

Retroalimentación y tutoría: la retroalimentación constructiva de los demás y la orientación de los tutores pueden ayudar a corregir el exceso de confianza.

Autorreflexión: La autoevaluación periódica y la autorreflexión crítica son fundamentales para lograr una valoración más realista de las propias capacidades.

El efecto Dunning-Kruger nos enseña humildad y aprecio por la comprensión global y el dominio de un campo especializado. Nos recuerda que la verdadera pericia no sólo implica conocimiento, sino también conciencia de las propias limitaciones. Al ser conscientes de este sesgo, podemos esforzarnos por ser pensadores más competentes y autocríticos.

RAZONAMIENTO EMOCIONAL

Pasemos ahora a un aspecto de la psicología humana que está profundamente arraigado en nuestra naturaleza y que, sin embargo, a menudo se interpone en el camino de nuestra lógica y nuestra razón: el razonamiento emocional. Este fenómeno se produce cuando nuestras emociones guían nuestras conclusiones con más fuerza que los hechos objetivos.

¿Qué es el razonamiento emocional?

El razonamiento emocional es el proceso por el cual las creencias, sentimientos y prejuicios personales prevalecen sobre la interpretación de los hechos. Ocurre cuando nuestras reacciones emocionales ante una situación influyen en nuestra forma de asimilar la información y tomar decisiones, a menudo en detrimento del análisis de los hechos.

La dinámica del razonamiento emocional

Este efecto puede llevarnos a sobrevalorar las pruebas que coinciden con nuestros miedos, esperanzas o deseos y a devaluar o ignorar las pruebas que los contradicen. El razonamiento emocional es en gran medida responsable de distorsiones cognitivas como el sesgo de confirmación y la falacia del pensamiento ilusorio.

Ejemplos de la vida cotidiana

El razonamiento emocional es evidente en muchos ámbitos de la vida:

En las relaciones de pareja: El miedo al rechazo puede llevar a alguien a ser excesivamente crítico con las acciones de su pareja.

En la vida profesional: El entusiasmo por un nuevo proyecto puede hacer que se pasen por alto riesgos críticos.

En política: las fuertes convicciones políticas pueden llevar a los individuos a aceptar sólo la información que confirma sus puntos de vista.

Efectos del razonamiento emocional

Las consecuencias del razonamiento emocional pueden ser importantes, desde decisiones personales que afectan a la calidad de vida hasta decisiones sociales y políticas con implicaciones de largo alcance.

Razonamiento emocional

Para superar el razonamiento emocional, deberíamos

Desarrollar la conciencia emocional: Aprender a reconocer nuestras emociones y comprender cómo influyen en nuestra percepción.

Practicar el pensamiento crítico: Buscar activamente pruebas objetivas y esforzarse por evaluar la información desde una perspectiva neutral.

Pausa y reflexión: Tomarse tiempo para pensar sobre las decisiones puede ayudar a amortiguar los impulsos emocionales.

El razonamiento emocional es un claro ejemplo de cómo nuestras emociones pueden influir en nuestro pensamiento. Si comprendemos y tenemos en cuenta los componentes emocionales de nuestra toma de decisiones, podemos desarrollar mejores estrategias para extraer conclusiones claras y fundamentadas.

RESULTADO SESGADO POR EL ENTREVISTADOR

A continuación abordaremos una forma específica de sesgo cognitivo que se manifiesta en el contexto de los procesos de evaluación: el sesgo del entrevistador. Este sesgo se produce cuando el juicio sobre un candidato o una situación se hace retrospectivamente sobre la base del resultado y no de la información disponible en ese momento.

La dinámica de la distorsión de los resultados
El sesgo de resultado del entrevistador, a menudo conocido como sesgo retrospectivo, se produce cuando los entrevistadores juzgan el potencial o el rendimiento de un candidato basándose en el conocimiento de un éxito o fracaso posterior. Esto puede llevar a suponer erróneamente que los indicios del resultado final eran claros y reconocibles de antemano.

Ejemplos y consecuencias

En un contexto profesional, este sesgo puede llevar a los responsables de la toma de decisiones a creer que han evaluado correctamente las capacidades o el potencial de un candidato en el momento de la entrevista, cuando en realidad están influidos por acontecimientos posteriores. Esto puede generar una falsa sensación de confianza y reducir la capacidad de aprender de experiencias pasadas.

Efectos en el proceso de entrevista y evaluación

El sesgo en los resultados por parte de los entrevistadores puede provocar una distorsión de los procesos de evaluación y tiene varios efectos:

Sobrevaloración del proceso de selección: Los entrevistadores pueden suponer que su proceso de selección es más eficaz de lo que realmente fue.

Menoscabo de un juicio imparcial: las aptitudes de otros candidatos pueden subestimarse porque no han logrado los mismos resultados visibles.

Deterioro del proceso de aprendizaje: las organizaciones pueden no aprender de los errores porque creen que sus decisiones iniciales fueron correctas.

Superar la distorsión de los resultados

Para combatir el sesgo del entrevistador, deberíamos:

Realizar evaluaciones orientadas al proceso: Evalúe la calidad del proceso de toma de decisiones en lugar de centrarse únicamente en el resultado.

Documentación del proceso de toma de decisiones: Registrar la base sobre la que se tomaron las decisiones en el momento de la entrevista para permitir una evaluación más objetiva posteriormente.

Incorpore circuitos de retroalimentación: Busque y proporcione información periódica para garantizar la mejora continua y aprender de las experiencias pasadas.

El sesgo del entrevistador nos recuerda que nuestra comprensión del pasado a menudo se ve empañada por el conocimiento de las circunstancias presentes. Al ser conscientes de este sesgo y tomar medidas proactivas para superarlo, podemos mejorar la precisión de nuestras evaluaciones y aprender de forma más significativa de nuestras experiencias.

FALSIFICACIÓN DE LA MEMORIA

La capacidad humana de recordar acontecimientos pasados es una maravilla de la naturaleza, pero no es perfecta. En este capítulo analizaremos la distorsión de la memoria, un fenómeno en el que nuestros recuerdos se alteran, distorsionan o incluso se recrean con el paso del tiempo.

¿Qué es la falsificación de la memoria?

La distorsión de la memoria se refiere a cualquier cambio o distorsión en el recuerdo de una experiencia. Esta distorsión puede deberse a diversos factores, como la información recibida después del suceso, las sugerencias de otras personas, las propias expectativas o deseos, o incluso la tendencia natural a contar una historia coherente.

Ejemplos de falsificación de la memoria

Un ejemplo clásico de falsificación de la memoria es el testimonio de los testigos en los procesos judiciales. Las investigaciones demuestran que los testigos a los que se hacen preguntas sugestivas o se les da información engañosa después de un delito pueden cambiar sus recuerdos del suceso. Esto también ocurre con frecuencia en la vida cotidiana: la forma en que contamos una historia sobre un acontecimiento pasado puede cambiar fácilmente con cada repetición.

Efectos de la distorsión de la memoria

Los efectos de la distorsión de la memoria pueden ser de gran alcance:

Relaciones personales: Los malentendidos debidos a recuerdos distorsionados pueden provocar conflictos.

Sistema judicial: los falsos recuerdos pueden socavar la justicia en los procedimientos judiciales.

Historiografía: la memoria colectiva de los acontecimientos históricos puede cambiar con el tiempo y distorsionar la visión del pasado.

Tratamiento de la falsificación de la memoria

Para minimizar los efectos de la distorsión de la memoria, podemos:

Autorreflexión crítica: tomar conciencia de la falta de fiabilidad de nuestros recuerdos y analizar nuestros propios relatos.

Documentación de los acontecimientos: Registre los acontecimientos importantes con prontitud y precisión para disponer de un registro fiable.

Evitar la sugestión: Sea consciente del poder de las preguntas sugerentes y evítelas tanto al recibir como al presentar información.

La falsificación de la memoria pone en tela de juicio nuestra idea de la memoria como registro inmutable del pasado. Nos desafía a ser humildes ante la falibilidad de nuestra memoria y a ser cuidadosos en el tratamiento de los recuerdos. Con una mejor comprensión y estrategias adecuadas, podemos esforzarnos por preservar la exactitud de nuestros recuerdos y tomar decisiones justas e informadas.

CONDICIONAMIENTO EVALUATIVO

En el entramado de nuestras percepciones y preferencias se oculta un proceso sutil pero poderoso: el condicionamiento evaluativo. Muestra cómo nuestras actitudes y sentimientos hacia un objeto o una persona pueden moldearse inconscientemente mediante la asociación repetida con estímulos positivos o negativos.

Los mecanismos del condicionamiento evaluativo
El condicionamiento evaluativo es un proceso de aprendizaje en el que un objeto originalmente neutro se combina con un estímulo cargado emocionalmente, por lo que el propio objeto recibe una evaluación positiva o negativa. Esto ocurre independientemente de si el objeto tiene alguna conexión lógica con los sentimientos agradables o desagradables.

Ejemplos de condicionamiento evaluativo
Un ejemplo clásico es la publicidad, que a menudo asocia productos con personas atractivas, familias felices o estilos de vida impresionantes. Estas asociaciones pueden llevar a los consumidores a desarrollar sentimientos positivos hacia un producto, aunque nunca hayan tenido una experiencia directamente positiva con el producto en sí.

Efectos del condicionamiento evaluativo
Los efectos del condicionamiento evaluativo son amplios y profundos:

El comportamiento del consumidor: Influye en nuestras decisiones de compra, a menudo sin que nos demos cuenta de por qué hemos desarrollado una preferencia por determinados productos.

Actitudes sociales: Puede moldear nuestras actitudes hacia distintos grupos sociales en función de los mensajes y las imágenes con que estos grupos son retratados en los medios de comunicación.

Creencias políticas: También puede moldear nuestras opiniones políticas al asociar candidatos o partidos con determinadas emociones o valores.

Superar el condicionamiento evaluativo
Para superar las influencias del condicionamiento evaluativo, deberíamos:

Crear conciencia: Entender que muchos de nuestros gustos y aversiones han sido moldeados por asociaciones repetidas.

Análisis crítico: Buscar activamente las cualidades y características reales de un objeto o idea en lugar de basarse en sentimientos asociados.

Consumo reflexivo de los medios de comunicación: pensar críticamente sobre los medios que consumimos y la forma en que se presenta la información.

El condicionamiento evaluativo es una poderosa herramienta para comprender los orígenes de nuestras actitudes y decisiones. Al aprender a reconocer y comprender las raíces de nuestras reacciones emocionales, podemos empezar a actuar de forma más consciente y autónoma.

FALSO EQUILIBRIO

Buscar el equilibrio es una virtud que se valora en muchos ámbitos de la vida. Pero cuando la búsqueda del equilibrio conduce a una distorsión que oscurece la verdad, entramos en el territorio del "falso equilibrio". Esta distorsión se produce cuando se atribuye a una cuestión más equilibrio o neutralidad de lo que permiten las pruebas.

El concepto de falso equilibrio

El falso equilibrio, a menudo denominado "falso balance" o "falsa equivalencia", describe el fenómeno en el que las discusiones o los reportajes presentan dos lados de un debate como igualmente válidos, incluso cuando las pruebas están muy inclinadas hacia un lado. Esto puede llevar a una distorsión de la percepción pública, especialmente en los medios de comunicación o en la educación.

Ejemplos y consecuencias

Un ejemplo típico de falso equilibrio es el debate sobre el clima, en el que la inmensa mayoría de las pruebas científicas confirman la influencia humana en el cambio climático, mientras que un número muy reducido de escépticos niega esta influencia. Presentar ambos puntos de vista como igualmente válidos puede llevar a una percepción engañosa del consenso científico real.

Los efectos del falso equilibrio

Los efectos de esta distorsión son importantes:

Procesamiento de la información: puede afectar al modo en que las personas procesan y comprenden la información y dar lugar a malentendidos sobre cuestiones importantes.

Discurso público: Puede disminuir la calidad del discurso público al dar una credibilidad desproporcionada a opiniones no científicas.

Toma de decisiones: puede afectar a los procesos de toma de decisiones en política y sociedad al crear una falsa equivalencia entre opiniones informadas y no informadas.

Hacer frente al falso equilibrio

Para superar el falso equilibrio, se pueden tomar las siguientes medidas:

Alfabetización mediática crítica: aprender a analizar críticamente el contenido de los medios de comunicación y prestar atención a la calidad y el peso de las pruebas.

Conciencia de la experiencia: reconocer que no todas las opiniones son iguales y que la experiencia y las pruebas sólidas deben tener más peso.

Educación e ilustración: Las instituciones educativas y los medios de comunicación deben tratar de proporcionar una comprensión exacta de los problemas en lugar de promover un falso equilibrio.

El falso equilibrio es un reflejo de nuestro deseo de neutralidad e imparcialidad, pero también puede ser un obstáculo para la verdad y la comprensión. Al desarrollar una conciencia más profunda de la complejidad de las cuestiones y reconocer la importancia de las pruebas en el debate, podemos llegar a una comprensión más equilibrada y precisa del mundo que nos rodea.

SESGO DE LA TARIFA PLANA

En un mundo en el que las ofertas y los planes de precios condicionan nuestras decisiones diarias, nos encontramos con un sesgo cognitivo fascinante: el sesgo de la tarifa plana. Este sesgo se produce cuando los consumidores favorecen los modelos de precios de tarifa plana, incluso cuando un modelo basado en el uso sería más rentable.

Definición del sesgo de la tarifa plana

El sesgo de la tarifa plana describe la preferencia por las tarifas planas frente a las tarifas basadas en el uso. Muchas personas eligen tarifas planas para servicios como móvil, Internet o streaming, aunque no utilicen lo suficiente el servicio para justificar el coste. La comodidad de no tener que pensar en el uso y el miedo a posibles sobreprecios influyen en este sesgo.

La psicología detrás del sesgo de la tarifa plana

La preferencia por las tarifas planas puede atribuirse a varios efectos psicológicos:

Aversión a las pérdidas: la gente quiere evitar costes adicionales inesperados, aunque pague más en total.

Sobrestimación del uso: los consumidores suelen sobrestimar cuánto van a utilizar un servicio.

Comodidad: Las tarifas planas ofrecen una facturación sencilla y predecible, lo que se percibe como cómodo.

Efectos del sesgo de la tarifa plana

Los efectos del sesgo de la tarifa plana pueden ser significativos:

Desventajas financieras: Los consumidores pueden pagar más de lo necesario, lo que repercute negativamente en su presupuesto.

Distorsiones del mercado: Los proveedores pueden caer en la tentación de adoptar estructuras de precios que no sean eficientes pero se ajusten a las preferencias de los consumidores.

Despilfarro de recursos: puede haber un uso ineficaz de los recursos si los clientes de la tarifa plana hacen un uso excesivo de los servicios porque creen que ya han pagado por ellos.

El sesgo de la tarifa plana

Para superar el sesgo de la tarifa plana, los consumidores deberían:

Analizar el comportamiento de los usuarios: Comprueba cuánto utilizan realmente un servicio.

Realizar análisis de costes y beneficios: Comparar los costes reales por unidad de uso de los modelos de tarifa plana con las tarifas basadas en el uso.

Valore la flexibilidad: Considere si la flexibilidad de un modelo basado en el uso merece la pena por el ahorro potencial.

El sesgo de la tarifa plana es un ejemplo de cómo la comodidad y el miedo a lo desconocido pueden influir en nuestras decisiones financieras. Sin embargo, si consideramos y analizamos conscientemente nuestras necesidades reales, podemos tomar una decisión más informada que refleje mejor tanto nuestro monedero como nuestros hábitos de uso.

EFECTO DE DESINFORMACIÓN

La memoria no es tanto un almacén rígido como un proceso dinámico susceptible de cambio y distorsión. Un fenómeno que ilustra esta capacidad de cambio de nuestra memoria es el efecto de desinformación. Se produce cuando los recuerdos de una persona se ven influidos por información falsa presentada a posteriori.

La naturaleza del efecto de desinformación
El efecto de desinformación describe el fenómeno en el que la memoria de una persona se ve influida por información engañosa que se produce después del hecho real. Esta desinformación puede llevar a la persona afectada a formarse falsos recuerdos o a olvidar o distorsionar detalles verdaderos.

Ejemplos y efectos
Este efecto es claramente evidente en situaciones

en las que se hacen preguntas sugestivas a los testigos después de un suceso o cuando se les expone a debates o informes de los medios de comunicación que contienen detalles falsos. Las consecuencias pueden ser graves, especialmente en contextos jurídicos en los que la exactitud del testimonio de los testigos es crucial.

El papel de la sugestión y las influencias sociales
La sugestión y las influencias sociales desempeñan un papel crucial en el efecto de desinformación. Las preguntas sugestivas pueden moldear o alterar los recuerdos, y la presión para estar de acuerdo con un grupo puede llevar a los individuos a ajustar sus recuerdos a los detalles supuestamente correctos.

Superar el efecto de desinformación
Las estrategias para superar el efecto de desinformación incluyen:

Conciencia de la vulnerabilidad de la memoria: Ser conscientes de que nuestra memoria es falible y sugestionable.

Revisión crítica de los recuerdos: Examinar conscientemente de dónde proceden nuestros recuerdos y si han sido influidos por información posterior.

Promover el recuerdo independiente: evitar hablar de un acontecimiento con otras personas antes de hacer una declaración oficial.

El efecto de desinformación subraya la necesidad de ser críticos con la información que puede influir en nuestra comprensión de hechos pasados. Al desarrollar una conciencia crítica de las fuentes de nuestros recuerdos y comprender los mecanismos que dan forma a nuestros recuerdos, podemos contribuir a una memoria más precisa y fiable.

EFECTO MARCO

La memoria no es tanto un almacén rígido como un proceso dinámico susceptible de cambio y distorsión. Un fenómeno que ilustra esta capacidad de cambio de nuestra memoria es el efecto de desinformación. Se produce cuando los recuerdos de una persona se ven influidos por información falsa presentada a posteriori.

La naturaleza del efecto de desinformación

El efecto de desinformación describe el fenómeno en el que la memoria de una persona se ve influida por información engañosa que se produce después del hecho real. Esta desinformación puede llevar a la persona afectada a formarse falsos recuerdos o a olvidar o distorsionar detalles verdaderos.

Ejemplos y efectos

Este efecto es claramente evidente en situaciones en las que se hacen preguntas sugestivas a los testigos después de un suceso o cuando se les expone a debates o informes de los medios de comunicación que contienen detalles falsos. Las consecuencias pueden ser graves, especialmente en contextos jurídicos en los que la exactitud del testimonio de los testigos es crucial.

El papel de la sugestión y las influencias sociales
La sugestión y las influencias sociales desempeñan un papel crucial en el efecto de desinformación. Las preguntas sugestivas pueden moldear o alterar los recuerdos, y la presión para estar de acuerdo con un grupo puede llevar a los individuos a ajustar sus recuerdos a los detalles supuestamente correctos.

Superar el efecto de desinformación
Las estrategias para superar el efecto de desinformación incluyen:

Conciencia de la vulnerabilidad de la memoria: Ser conscientes de que nuestra memoria es falible y sugestionable.

Revisión crítica de los recuerdos: Examinar conscientemente de dónde proceden nuestros recuerdos y si han sido influidos por información posterior.

Promover el recuerdo independiente: evitar hablar de un acontecimiento con otras personas antes de hacer una declaración oficial.

El efecto de desinformación subraya la necesidad de ser críticos con la información que puede influir en nuestra comprensión de hechos pasados. Al desarrollar una conciencia crítica de las fuentes de nuestros recuerdos y comprender los mecanismos que dan forma a nuestros recuerdos, podemos contribuir a una memoria más precisa y fiable.

EFECTO GALATEA

El poder de nuestras creencias y expectativas puede moldear la realidad de forma sorprendente. El efecto Galatea arroja luz sobre cómo la autoeficacia individual y la confianza en las propias capacidades pueden impulsar el rendimiento. Este capítulo explorará esta dinámica autocumplida, que toma su nombre del personaje mítico Galatea, que cobró vida porque era amada por su creador.

¿Qué es el efecto Galatea?

El efecto Galatea describe el fenómeno por el cual las personas rinden más cuando creen en sí mismas y tienen grandes expectativas personales. Está estrechamente relacionado con el concepto de "profecía autocumplida", en la que la creencia en la propia competencia lleva a reforzarla.

Autopercepción y rendimiento

La percepción que tenemos de nosotros mismos influye decisivamente en nuestro comportamiento y rendimiento. Cuando una persona se ve a sí misma competente y capaz, tiende a fijarse metas más exigentes y a esforzarse más, lo que suele conducir a mejores resultados.

Ejemplos del efecto Galatea

En el entorno laboral, el efecto Galatea puede significar que los empleados que se ven a sí mismos como colaboradores eficaces son más proactivos, están más comprometidos y son más productivos. En la educación, los estudiantes que confían en sus propias capacidades académicas pueden rendir más.

Impacto del efecto Galatea

Las implicaciones de este efecto son de gran alcance:

Desarrollo de los empleados: las organizaciones pueden utilizar el efecto Galatea para mejorar la motivación y el rendimiento de los empleados.

Crecimiento personal: Los individuos pueden utilizar el efecto para alcanzar objetivos personales y aumentar su propio rendimiento.

Educación: Los métodos de enseñanza que aumentan la confianza de los alumnos en sí mismos pueden mejorar los resultados del aprendizaje.

Promoción del efecto Galatea

Los siguientes pasos pueden ser útiles para fomentar el efecto Galatea:

Autoconversación positiva: La práctica de la autoconversación positiva puede ayudar a reforzar la confianza en uno mismo y a mejorar la autoconciencia.

Fijación de objetivos: Establecer objetivos ambiciosos pero alcanzables puede aumentar la motivación y contribuir a la superación personal.

Retroalimentación y autorreflexión: La retroalimentación constructiva y la autorreflexión periódica pueden ayudar a fomentar una imagen realista y positiva de uno mismo.

El Efecto Galatea subraya la importancia de la autoestima y de una percepción positiva de uno mismo. Nos recuerda que la imagen que tenemos de nosotros mismos influye mucho en nuestra capacidad para alcanzar nuestros objetivos y desarrollar todo nuestro potencial. Tomando conciencia de nuestras propias capacidades y creyendo en nosotros mismos, podemos alcanzar las cotas más altas de nuestro rendimiento.

SÍNDROME DEL MUNDO COMÚN

En nuestra continua búsqueda por comprender las complejas vías de la percepción humana, nos encontramos con un oscuro fenómeno: el síndrome del mundo común. Este trastorno psicológico refleja una visión en la que el mundo se percibe como un lugar mucho más peligroso de lo que es en realidad.

Explicación del síndrome del mundo común

El síndrome del mundo común es una distorsión cognitiva que hace que las personas vean el mundo que les rodea como más amenazador u hostil de lo que estadísticamente es. Este síndrome suele verse exacerbado por las noticias sobre violencia, delincuencia y conflictos, que pueden ofrecer una imagen distorsionada de la realidad.

El papel de los medios de comunicación

Los medios de comunicación desempeñan un papel decisivo en el desarrollo del síndrome del mundo común, ya que a menudo informan de acontecimientos desproporcionadamente negativos. Esta información puede conducir a una percepción distorsionada y alimentar el miedo y la desconfianza en la sociedad.

Efectos del síndrome del mundo común

Las consecuencias de este síndrome son de gran alcance:

Tendencias al retraimiento social: Las personas pueden retirarse de la vida social por miedo a las amenazas percibidas.

Aumento de la vigilancia: Puede llevar a una excesiva precaución y desconfianza hacia los extraños.

Consecuencias políticas y sociales: La política y la legislación pueden verse influidas por una percepción distorsionada de la delincuencia y la seguridad.

El síndrome del mundo común

Los siguientes enfoques son útiles para superar el síndrome del mundo común:

Consumo equilibrado de los medios de comunicación: utilice conscientemente una variedad de fuentes de noticias y procure no pasar por alto las noticias positivas.

Educación estadística: aprender a interpretar los datos estadísticos para obtener una imagen realista de los riesgos.

Experiencia personal: Confíe en su experiencia personal y sus observaciones en lugar de basarse únicamente en los informes de los medios de comunicación.

El síndrome del mundo común muestra cómo nuestras percepciones pueden verse distorsionadas por influencias externas, lo que conduce a una visión más negativa del mundo. Buscando activamente una comprensión más equilibrada del mundo, podemos cultivar una perspectiva más sana y positiva.

PREJUICIOS SEXISTAS

En la sociedad actual nos esforzamos por crear un entorno igualitario y justo para todos. Sin embargo, nos enfrentamos a una barrera persistente que socava este objetivo: los prejuicios sexistas. Este capítulo explora las formas sutiles y manifiestas en que el sesgo de género persiste en diversos aspectos de la vida y cómo limita el potencial individual y el progreso de la sociedad.

Conceptos básicos del sesgo de género

El sesgo de género se refiere al favoritismo o discriminación inconsciente o consciente de las personas en función de su sexo. Este sesgo puede darse en casi todos los ámbitos de la vida, desde el mundo laboral hasta la educación y las interacciones sociales, y puede afectar tanto a hombres como a mujeres, aunque históricamente las mujeres han sentido sus efectos negativos con más frecuencia.

Manifestaciones del sesgo de género

Los prejuicios sexistas se manifiestan de muchas maneras diferentes:

Lugar de trabajo: Las mujeres y los hombres pueden recibir una remuneración diferente por razón de su sexo, y los puestos directivos suelen estar sesgados por el género.

Lenguaje: el uso de pronombres y términos específicos de género puede reforzar ciertos estereotipos.

Educación y crianza: Los estereotipos de género pueden influir en la forma en que se educa a los niños y en las oportunidades educativas que reciben.

Representación en los medios de comunicación: las mujeres y los hombres suelen ser retratados en papeles estereotipados en los medios de comunicación, lo que caracteriza la percepción que la sociedad tiene de los roles de género.

Efectos del sesgo de género

Los efectos de los prejuicios sexistas son profundos y de gran alcance:

Desigualdad económica: Los prejuicios sexistas pueden provocar diferencias salariales y desigualdad de oportunidades profesionales.

Desigualdad social: Contribuye al mantenimiento de estructuras sociales que favorecen determinados roles de género y perjudican a otros.

Consecuencias psicológicas: los estereotipos y prejuicios pueden afectar a la autoestima y la autopercepción.

Superar los prejuicios sexistas

Para superar los prejuicios sexistas, debemos adoptar un enfoque multidimensional:

Sensibilización y educación: Es importante concienciar sobre la existencia y el impacto de los prejuicios sexistas y promover programas educativos que contrarresten los estereotipos.

Medidas políticas e institucionales: Las leyes y políticas que promueven la igualdad y prohíben la discriminación son cruciales.

Responsabilidad personal: cada individuo puede contribuir al cambio mediante una autorreflexión crítica y cuestionando sus propios prejuicios.

Promoción de modelos de conducta: La presentación y promoción de modelos de conducta que superen los límites estereotipados puede contribuir a eliminar los estereotipos de género.

Los prejuicios sexistas son un fenómeno complejo que impregna nuestra sociedad de formas sutiles y manifiestas. Superarlo requiere un esfuerzo consciente a nivel individual, institucional y social. Mediante la educación, la acción consciente y el cambio estructural, podemos crear un mundo más justo e integrador en el que el sexo de una persona no determine su destino.

SOSPECHA GENERAL

En el siguiente capítulo profundizaremos en el complejo tema de la sospecha generalizada, una forma de juicio prematuro que pone bajo sospecha a grupos enteros basándose en las acciones de individuos o en estereotipos generalizados. Este capítulo no sólo destacará los mecanismos de la sospecha generalizada, sino también sus profundos efectos en la sociedad y en el individuo y las formas de superar este juicio arrollador.

Definición y comprensión de la sospecha general
La sospecha generalizada se refiere a la tendencia a atribuir características o intenciones negativas a determinados grupos o comunidades de forma generalizada. A menudo basada en una mezcla de prejuicios, estereotipos y miedo, esta sospecha conduce a una percepción distorsionada e injusta que alberga el potencial del daño y la división.

Orígenes y psicología de la sospecha general
Esta forma de sesgo tiene su origen en la tendencia

humana a reconocer patrones y sacar conclusiones rápidas, a menudo inconscientes. Evolutivamente, esta capacidad de reconocer patrones ha aportado ventajas de supervivencia, pero en el mundo moderno y complejo a menudo conduce a suposiciones falsas e injustas.

Manifestaciones de sospecha general en la sociedad

La sospecha general puede manifestarse en muchos ámbitos:

Aplicación de la ley: Cuando se comprueba o sospecha con más frecuencia de determinados grupos étnicos o sociales sin que existan pruebas individualizadas.

Mercado laboral: cuando los empresarios discriminan a determinados grupos de solicitantes por su origen o procedencia social.

Interacciones sociales: Cuando las personas desconfían o tienen prejuicios contra determinados grupos en la vida cotidiana debido a los estereotipos.

Efectos de la sospecha general

Los efectos de la sospecha generalizada son múltiples y pueden tener profundas consecuencias psicológicas y sociales:

Discriminación y estigmatización: las personas afectadas pueden verse aisladas socialmente, desfavorecidas profesionalmente y ver mermada su autoestima.

Pérdida de confianza: La confianza entre las distintas comunidades y la sociedad en su conjunto puede erosionarse, dando lugar a tensiones y conflictos.

Profecías autocumplidas: Las personas que se encuentran bajo sospecha general pueden retirarse de la sociedad o adoptar un comportamiento que se corresponda con la sospecha porque creen que, de todos modos, no se espera nada más de ellas.

Superar la desconfianza general
Hay que dar varios pasos para superar la sospecha general:

Sensibilización y educación: La educación sobre la injusticia y las consecuencias negativas de la sospecha generalizada puede conducir a un cambio de mentalidad.

Fomentar la empatía y la comprensión: los programas que promueven el diálogo y la comprensión intercultural pueden ayudar a acabar con los prejuicios.

Políticas y prácticas justas: Las leyes y directrices institucionales deben ser justas y garantizar la igualdad de trato a todos los ciudadanos.

La sospecha generalizada es un problema

profundamente arraigado que debe abordarse mediante esfuerzos conscientes en educación, política y compromiso personal. Para combatir los efectos negativos de la sospecha generalizada, es fundamental comprender sus causas y consecuencias y comprometerse con la justicia a todos los niveles de la sociedad.

SÓLO FE MUNDIAL

La creencia de un mundo justo es un concepto psicológico que configura nuestra comprensión de la justicia y nuestro lugar en el mundo. Es la convicción de que el mundo es, en general, un lugar justo en el que cada uno recibe lo que se merece. Esta creencia puede ser a la vez reconfortante y engañosa, ya que a menudo no se corresponde con la realidad.

¿Qué es la creencia en un mundo justo?

Esta creencia se manifiesta en la suposición de que las buenas acciones se recompensan y las malas se castigan. Refleja una profunda necesidad de creer en un mundo ordenado y predecible en el que prevalece la justicia. Este concepto puede explicar por qué la gente suele culpar injustamente a las víctimas y considera merecido el éxito de los demás.

Fundamentos psicológicos de la fe en un mundo justo

Las creencias del mundo justo están profundamente arraigadas en nuestra necesidad de certidumbre y previsibilidad. Nos ayudan a mantener una sensación de control sobre nuestras vidas y nos proporcionan un marco para interpretar los acontecimientos y el comportamiento de las personas.

Ejemplos de una fe mundial justa

Culpar a las víctimas: La gente tiende a culpar a las víctimas de delitos o accidentes para mantener su creencia en un mundo justo.

Atribución del éxito: a menudo se percibe a las personas de éxito como especialmente trabajadoras o con talento, mientras que se resta importancia al resultado del privilegio o la suerte.

Efectos de la fe en un mundo justo

La creencia en un mundo justo puede tener efectos problemáticos:

Desigualdad social: Puede contribuir a la ignorancia de las injusticias sistemáticas y a la perpetuación de la desigualdad.

Protección psicológica: sirve como mecanismo de protección contra la constatación de que la vida es a menudo injusta.

Actitudes políticas y sociales: La fe puede conformar actitudes políticas y sociales contrarias a las redes de seguridad social y al apoyo a los desfavorecidos.

Superar la creencia en el mundo justo

Las estrategias para superar las creencias del mundo justo incluyen:

Reconocer la injusticia: reconocer la realidad de que la vida no siempre es justa y que el azar, la suerte y los privilegios desempeñan un papel importante.

Desarrollar la empatía: ponerse en el lugar de los demás para comprender la complejidad de sus situaciones.

Compromiso activo: trabajar por la justicia social y apoyar estructuras que contrarresten las desigualdades.

La creencia en un mundo justo puede ser una ilusión reconfortante, pero es importante que nos enfrentemos a las injusticias reales del mundo. Mediante la educación, la empatía y el compromiso, podemos contribuir a crear una sociedad verdaderamente más justa.

EFECTO HALO

En el polifacético mundo del juicio humano, nos encontramos con un sesgo que tiene un profundo impacto tanto en contextos personales como profesionales: el efecto halo. Este sesgo cognitivo describe la tendencia a juzgar positivamente toda la personalidad y otras características de una persona basándose en un rasgo sobresaliente.

Introducción al efecto halo

El efecto halo, identificado originalmente por el psicólogo Edward Thorndike, es el fenómeno por el cual la impresión general que tenemos de una persona -ya sea su aspecto, su estatus social o un rasgo específico- influye en nuestros juicios sobre sus demás cualidades. Una impresión general positiva puede hacer que las debilidades individuales se pasen por alto o se perciban como menos graves.

La psicología detrás del efecto halo

El efecto tiene su origen en nuestra tendencia a simplificar la información y crear eficiencia cognitiva. Ahorra energía mental al permitirnos emitir juicios rápidos, aunque a menudo inexactos. Esta primera impresión actúa como un "halo" que ilumina u oscurece todas las percepciones posteriores de una persona.

Ejemplos y efectos del efecto halo

En un entorno profesional, el efecto halo puede llevar a considerar a los empleados carismáticos más competentes de lo que son, o a favorecer a los candidatos atractivos en el proceso de contratación. En el ámbito personal, puede influir en las relaciones si, por ejemplo, los sentimientos positivos hacia un nuevo compañero se trasladan a todos los ámbitos de su personalidad, incluso a los que aún no conoce.

La complejidad del efecto halo

El efecto halo no se limita a los rasgos positivos; un rasgo negativo también puede crear un "efecto cuerno", en el que la percepción de una persona se tiñe negativamente en su conjunto. Este tipo de sesgo puede, en el peor de los casos, conducir a la discriminación y al trato injusto.

El efecto halo en diversos ámbitos de la vida

Empresas: las marcas pueden beneficiarse de una imagen positiva que irradia a toda la empresa a través de productos individuales de éxito.

Política: los políticos que tienen éxito en un aspecto o parecen carismáticos suelen considerarse competentes en todos los ámbitos políticos.

Redes sociales: las personas con muchos seguidores o fotos de perfil atractivas suelen percibirse como más interesantes o con más éxito.

Superar el efecto halo

Para superar el efecto halo son necesarios varios pasos:

Crear conciencia: Sea consciente del efecto y busque activamente pruebas concretas de las demás cualidades de una persona.

Practicar la objetividad: utilizar procesos de evaluación estructurados que permitan emitir juicios objetivos.

Diversidad de perspectivas: obtenga opiniones diferentes para lograr una evaluación más completa.

El efecto halo pone de relieve uno de los muchos atajos de nuestro proceso de pensamiento que pueden conducir a percepciones distorsionadas. Si aprendemos a ver más allá de las primeras impresiones y a evaluar a una persona o situación de forma holística, podremos emitir juicios más precisos y justos.

COMPORTAMIENTO DE LOS REBAÑOS

Todos formamos parte de una comunidad y nuestras decisiones suelen estar influidas por quienes nos rodean. En este capítulo analizaremos el comportamiento gregario, un fenómeno que describe cómo los individuos se guían en sus decisiones por las acciones y creencias de los demás, a menudo sin darse cuenta.

Definición de comportamiento gregario
El comportamiento gregario se produce cuando los individuos imitan las acciones de una mayoría en lugar de utilizar sus propios análisis e instintos independientes. Esto puede dar lugar a un movimiento colectivo que puede desviarse de las consideraciones racionales y se observa a menudo en el mundo financiero, las redes sociales, la política y las modas.

Raíces psicológicas del comportamiento gregario

Las raíces psicológicas del comportamiento gregario son múltiples:

Prueba social: a menudo consideramos "correcto" el comportamiento de la mayoría.

Aversión a la pérdida: El miedo a perder una oportunidad o a ser excluido del grupo puede llevar a un comportamiento conformista.

Parálisis en la toma de decisiones: en situaciones de incertidumbre, las personas suelen seguir al grupo para simplificar la toma de decisiones.

Ejemplos de comportamiento gregario

El comportamiento gregario puede manifestarse en diferentes contextos:

Mercados bursátiles: los inversores suelen seguir las tendencias del mercado sin analizar los valores subyacentes, lo que puede provocar burbujas y desplomes.

Comportamiento del consumidor: La gente hace cola para comprar el último smartphone simplemente porque es popular, no necesariamente porque lo necesite.

Movimientos sociales: Los individuos pueden unirse a un movimiento porque parece popular, no necesariamente por convicción.

Efectos del comportamiento de los rebaños

Las consecuencias del comportamiento gregario pueden ser de gran alcance:

Inestabilidad económica: En los mercados financieros puede producirse una exuberancia irracional o ventas por pánico.

Presión social: los individuos pueden tomar decisiones que contradicen sus creencias personales para evitar el aislamiento social.

Desinformación: los rumores y la información falsa pueden propagarse rápidamente si son compartidos por muchas personas.

Estrategias contra el comportamiento gregario

Se pueden adoptar las siguientes medidas para contrarrestar el comportamiento de los rebaños:

Autorreflexión crítica: cuestionarse a sí mismo y tomar sus propias decisiones basándose en hechos y convicciones personales.

Busca información variada: Utiliza distintas fuentes de información y no te fíes sólo de la opinión de la mayoría.

Fomente el pensamiento a largo plazo: Mira más allá de la tendencia actual y considera los efectos a largo plazo de las decisiones.

El comportamiento gregario es un poderoso

fenómeno social que demuestra cómo la dinámica de grupo puede influir en nuestras decisiones individuales. Si somos conscientes de estas influencias y aprendemos a hacer juicios independientes, podremos tomar decisiones mejores y más informadas, tanto a nivel personal como social.

SÍNDROME DEL IMPOSTOR

El síndrome del impostor, también conocido como fenómeno del impostor, es un patrón psicológico en el que los individuos tienen dudas sobre sus capacidades a pesar de sus éxitos evidentes y sienten un miedo constante a quedar expuestos como "impostores". En este capítulo, exploramos las facetas de este síndrome y su impacto en la vida personal y profesional de los afectados.

El síndrome del impostor
Las personas que padecen el síndrome del impostor suelen atribuir su éxito a factores externos como la suerte o el azar, en lugar de a su propia competencia o trabajo duro. A pesar de las pruebas externas de sus logros, siguen acosadas por la duda y el miedo a que los demás las sobrestimen.

La dinámica psicológica que subyace al síndrome
El síndrome del impostor puede atribuirse a varias causas psicológicas, entre ellas

Perfeccionismo: tendencia a fijarse unos niveles de exigencia poco realistas y a criticarse por los pequeños errores.

Crianza y expectativas familiares: A veces el síndrome se desarrolla debido a la dinámica familiar temprana y a las expectativas asociadas.

Estereotipos sociales: las minorías y las mujeres en ámbitos tradicionalmente dominados por los hombres pueden ser especialmente vulnerables, ya que tienen que luchar contra percepciones estereotipadas.

Efectos del síndrome del impostor

El síndrome del impostor puede tener graves repercusiones en diversos aspectos de la vida:

Desarrollo profesional: es posible que los afectados no acepten ascensos o no se atrevan a hacer cambios en su carrera por miedo a no estar a la altura.

Crecimiento personal: Puedes frenarte ante los retos y perder oportunidades de aprender nuevas habilidades o desarrollarte.

Bienestar mental: Las dudas constantes sobre uno mismo pueden provocar estrés, agotamiento e insatisfacción general.

Superar el síndrome del impostor

Diversas estrategias pueden ayudar a superar el

síndrome del impostor:

Reconocer tus propios éxitos: Tómate tiempo para reflexionar sobre tus propios éxitos y reconocer que son el resultado de tus propias capacidades.

Fijación de objetivos realistas: aprender a fijarse metas alcanzables y no culparse por la perfección incumplida.

Comunicación abierta: hablar de estos sentimientos puede ayudar a reconocer que muchas personas experimentan dudas similares.

El síndrome del impostor es una experiencia muy extendida en todos los ámbitos profesionales y clases sociales. Abordar este fenómeno es un paso importante para desarrollar todo el potencial de cada individuo. Si aprendemos a honrar nuestros logros y a superar nuestras dudas, podremos desarrollar una imagen más sana de nosotros mismos y avanzar con más confianza en nuestro trabajo y nuestras relaciones.

SESGO DOMÉSTICO

En el mundo de la toma de decisiones y el comportamiento, nos encontramos con un fenómeno que repercute tanto a nivel individual como colectivo: el sesgo del hogar, también conocido como ventaja del hogar o efecto domicilio. Este capítulo está dedicado a la tendencia de las personas a favorecer lo familiar frente a lo objetivamente mejor y a los numerosos ámbitos en los que se manifiesta este sesgo.

¿Cuál es el sesgo casero?

El sesgo nacional describe la tendencia de las personas a favorecer opciones conocidas y familiares frente a alternativas desconocidas, aunque puedan ofrecer mayor calidad o mejores rendimientos. El término se utiliza a menudo en el contexto de las inversiones financieras, donde los inversores tienden a favorecer los valores de su país de origen frente a los valores internacionales, pero también se encuentra en otros ámbitos de la vida como el comportamiento del consumidor, el consumo de medios de comunicación y las relaciones sociales.

Causas y mecanismos del sesgo doméstico

Hay muchas razones para el sesgo casero:

Aversión al riesgo: las personas se sienten más seguras con lo conocido y, por tanto, evitan el riesgo asociado a lo desconocido.

Falta de información: Suele haber desconocimiento de otras opciones, lo que hace que se favorezca lo conocido.

Patriotismo: Un sentimiento de solidaridad nacional puede llevar a favorecer productos o valores locales como expresión de lealtad.

Manifestaciones del sesgo doméstico

El sesgo casero es evidente en varios contextos:

Mercados financieros: Los inversores invierten desproporcionadamente en los mercados nacionales, a pesar de las ventajas de la diversificación en los mercados internacionales.

Comportamiento de los consumidores: Los consumidores compran productos locales y evitan las importaciones, aunque sean de mayor calidad o más baratas.

Decisiones profesionales: Los empleados eligen empleos en la proximidad geográfica en lugar de mejores oportunidades más lejos.

Efectos del sesgo doméstico

Las consecuencias de la parcialidad doméstica son de gran alcance:

Efectos económicos: A nivel macroeconómico, el sesgo nacional puede dar lugar a mercados menos eficientes y perjudicar los resultados económicos.

Finanzas personales: A nivel individual, puede dar lugar a estrategias de inversión subóptimas y a una diversificación insuficiente de la cartera.

Dinámica sociocultural: El sesgo del hogar también puede conducir a una menor aceptación de la diversidad y al aislamiento de las influencias internacionales.

Superar los prejuicios domésticos

Los siguientes pasos son útiles para superar el prejuicio casero:

Recopilación de información: Obtener información exhaustiva sobre las opciones alternativas e incorporarlas a los procesos de toma de decisiones.

Evaluación de la diversificación: reconocer y esforzarse por obtener los beneficios de una diversificación más amplia en todos los ámbitos de la vida.

Apertura cultural: abrirse conscientemente a nuevas experiencias y fomentar la comprensión y el aprecio de la diversidad.

El sesgo del hogar es una tendencia natural que proporciona seguridad y comodidad, pero también limita el potencial de crecimiento y desarrollo. Si comprendemos mejor este sesgo y tomamos medidas para mirar más allá de lo familiar, podremos avanzar hacia una experiencia más equilibrada y rica tanto a nivel personal como social.

FENÓMENO DE LA MANO CALIENTE

El fenómeno de la mano caliente es un término que se originó en el mundo del deporte, en particular en el baloncesto, y describe la creencia de que un jugador que ha acertado varios tiros seguidos tiene más probabilidades de acertar también el siguiente. En este capítulo analizaremos la psicología que subyace a este fenómeno, su relevancia en distintos ámbitos de la vida y los comportamientos y decisiones resultantes.

Explicación del fenómeno de la mano caliente

El fenómeno de la mano caliente se basa en la tendencia humana a reconocer patrones donde no los hay. Es la percepción de una "mano caliente" o racha ganadora la que fomenta la suposición de que los éxitos actuales aumentan las posibilidades de éxitos futuros. Esta suposición suele estar en contradicción con la independencia estadística de los acontecimientos, especialmente en escenarios aleatorios.

Hay varios aspectos psicológicos detrás de este fenómeno:

Reconocimiento de patrones: el ser humano está orientado por naturaleza a reconocer patrones y conexiones, incluso cuando no existen.

Sesgo de confirmación: cuando creemos en el concepto de la "mano caliente", buscamos la confirmación de nuestra creencia e ignoramos las pruebas de lo contrario.

Sesgo de memoria: los éxitos se recuerdan mejor y se ponderan más que los fracasos.

Efectos del fenómeno de la mano caliente

El fenómeno de la mano caliente puede tener efectos en varios ámbitos:

Decisiones de inversión: Los inversores pueden suponer que un valor que ha obtenido buenos resultados recientemente seguirá obteniéndolos, ignorando la volatilidad del mercado.

Adicción al juego: En el juego, la convicción de que se está en una racha ganadora puede llevar a aumentar las apuestas y a comportamientos de riesgo.

Decisiones de la dirección: Los directivos pueden

tender a asignar tareas más exigentes a empleados que han alcanzado el éxito recientemente sin tener en cuenta su historial general de rendimiento.

El fenómeno de la mano caliente

Los siguientes pasos son útiles para comprender el fenómeno de la mano caliente:

Comprensión estadística: Una comprensión básica de la probabilidad y el azar puede ayudar a relativizar la percepción de las rachas ganadoras.

Análisis racional: Evaluar cada acontecimiento en función de sus propias características en lugar de basarse en resultados anteriores.

Planificación a largo plazo: las decisiones deben basarse en datos y tendencias a largo plazo, no en observaciones a corto plazo.

El fenómeno de la mano caliente es un ejemplo fascinante de cómo nuestra percepción de los acontecimientos aleatorios puede verse distorsionada por tendencias psicológicas. El reto consiste en encontrar el equilibrio entre aprovechar el impulso y reconocer el azar. Mediante la educación, el pensamiento crítico y la toma de decisiones consciente, podemos superar las falacias inherentes al fenómeno de la mano caliente y llegar a decisiones más informadas.

EFECTO IKEA

El efecto IKEA es un fenómeno que va más allá de los límites de la tienda de muebles sueca y está profundamente arraigado en la naturaleza humana. Describe la tendencia de las personas a dar más valor a los productos que fabrican o montan ellas mismas que a los que compran ya hechos. En este capítulo exploraremos cómo influye este efecto en nuestras decisiones de consumo y en otros ámbitos de la vida.

Los fundamentos del efecto IKEA
Este efecto recibe su nombre de la conocida empresa de muebles IKEA, conocida por exigir a los clientes que monten sus propios muebles. Las investigaciones demuestran que el proceso de automontaje aumenta la apreciación del producto final, aunque el resultado final no sea objetivamente perfecto.

Mecanismos psicológicos del efecto IKEA
Varios mecanismos psicológicos son responsables del efecto IKEA:

Mano de obra invertida: el esfuerzo y el tiempo invertidos en montar un producto aumentan el vínculo emocional y el valor percibido.

Sentimiento de competencia: El éxito del montaje refuerza la imagen de sí mismo y el sentimiento de competencia.

Efecto dotación: las personas tienden a atribuir más valor a las cosas que poseen o han creado ellas mismas.

Manifestaciones del efecto IKEA

El efecto IKEA no sólo se nota al comprar muebles:

Proyectos de bricolaje: Desde trabajos de bricolaje hasta hornear pasteles, hacerlo uno mismo suele conducir a una mayor apreciación del resultado.

Educación y trabajo: En la educación y el lugar de trabajo, el efecto puede aumentar la motivación y la satisfacción cuando los individuos participan directamente en la creación de proyectos o presentaciones.

Impacto del efecto IKEA

Los efectos del efecto IKEA pueden ser de gran alcance:

Comportamiento del consumidor: El efecto puede conducir a una mayor satisfacción y fidelidad de los clientes si éstos participan en el proceso de producción.

Estrategia corporativa: Las empresas pueden aprovechar el efecto para aumentar la implicación del cliente mediante productos personalizables.

Acción económica: A mayor escala, el efecto IKEA puede contribuir a una cultura de autoempleo y espíritu empresarial.

Estrategias para hacer frente al efecto IKEA

Las siguientes estrategias pueden ser útiles para aprovechar conscientemente el efecto IKEA:

Evaluación consciente: concienciar sobre el hecho de que el valor autoatribuido a un producto puede ser subjetivo.

Participación en el proceso de desarrollo: Involucre a los clientes o usuarios en el proceso de desarrollo del producto para aumentar el compromiso y la satisfacción.

Construir competencias: Enseñar habilidades y conocimientos que permitan a las personas crear y reparar cosas por sí mismas.

El efecto IKEA subraya la importancia de la participación activa y el trabajo personal para la apreciación de productos y proyectos. Fomenta la comprensión de cómo la autoeficacia y la contribución personal pueden influir en la percepción del valor. En un momento en el que la personalización es cada vez más importante, el efecto IKEA ofrece tanto oportunidades como retos para particulares y empresas.

CORRELACIÓN ILUSORIA

La correlación ilusoria es un término utilizado en psicología para describir la tendencia humana a establecer una conexión entre dos variables cuando no existe ninguna. En este capítulo estudiamos cómo este sesgo perceptivo afecta a nuestra comprensión de la causalidad y a las decisiones que tomamos en la vida cotidiana.

Definición de correlación ilusoria

Una correlación ilusoria se produce cuando las personas suponen erróneamente que dos hechos estadísticamente independientes están relacionados. Esto suele ocurrir porque nuestro cerebro está programado para buscar patrones y correlaciones incluso cuando no los hay.

¿Por qué surgen las correlaciones ilusorias?

La mente humana se esfuerza por encontrar orden en el caos, lo que conduce a las siguientes tendencias:

Reconocimiento de patrones: estamos biológicamente diseñados para identificar patrones, ya que esto era a menudo esencial para la supervivencia en el pasado.

Sesgo de confirmación: tendemos a prestar atención a la información que confirma nuestras ideas preconcebidas e ignoramos los datos contradictorios.

Distorsiones de la memoria: Los acontecimientos que evocan reacciones emocionales se recuerdan mejor y pueden dar lugar a una conexión sobrevalorada.

Ejemplos de correlaciones ilusorias

Superstición en el deporte: un jugador de béisbol lleva los mismos calcetines para cada partido en la creencia de que le traen buena suerte, aunque no haya ninguna relación real entre su ropa y su rendimiento.

Salud y comportamiento: Alguien cree que comer ciertos alimentos causa problemas de salud inmediatos, aunque no haya correlación médica.

Estereotipos sociales: los estereotipos suelen surgir de la falsa asociación de comportamientos con determinados grupos sin que exista una correlación real.

Efectos de las correlaciones ilusorias
Los efectos de las correlaciones ilusorias pueden ser

tanto inofensivos como profundos:

Decisiones equivocadas: En la vida personal y profesional, pueden conducir a malas decisiones cuando las acciones se basan en suposiciones falsas.

Prejuicios y discriminación: En un contexto social, pueden contribuir a la formación o el refuerzo de los prejuicios y la discriminación.

Ciencia e investigación: Pueden interferir en la investigación científica cuando los investigadores extraen conclusiones falsas basadas en correlaciones percibidas, pero no reales.

Superar las correlaciones ilusorias
Las estrategias para superar las correlaciones ilusorias incluyen:

Análisis crítico de datos: Aprender a analizar críticamente los datos y buscar pruebas objetivas de correlaciones.

Conciencia de las distorsiones: Ser consciente de las propias distorsiones cognitivas y trabajar activamente contra ellas.

Educación y formación: Los programas educativos centrados en el pensamiento crítico y la alfabetización estadística pueden ayudar a reducir la aparición de correlaciones ilusorias.

La correlación ilusoria es un testimonio de cómo

nuestro deseo de comprender el mundo puede a veces llevarnos por mal camino. Al reconocer y cuestionar nuestros supuestos, podemos intentar desarrollar visiones más claras y objetivas del mundo que nos rodea.

CATASTROFIZAR

La catastrofización es una distorsión cognitiva en la que una persona evalúa un acontecimiento o una situación como mucho peor de lo que es en realidad. Este capítulo está dedicado a comprender la catastrofización, su base psicológica y los efectos que tiene en el bienestar y el comportamiento de las personas.

La naturaleza de la catastrofización

La catastrofización es una forma de pensamiento negativo extremo que lleva a las personas a esperar el peor resultado posible de una situación. La catastrofización implica no sólo suponer un resultado negativo, sino también subestimar a menudo la propia capacidad para afrontar una situación difícil.

Mecanismos psicológicos de la catastrofización

Este fenómeno puede tener varias causas:

Ansiedad y estrés: los niveles elevados de ansiedad pueden aumentar la tendencia a la catastrofización.

Sesgo de negatividad: las personas tienden

a sobrevalorar la información negativa en comparación con la positiva.

Indefensión aprendida: las experiencias pasadas en las que los individuos se sintieron impotentes pueden reforzar la tendencia a la catastrofización.

Ejemplos de catastrofismo

Relaciones personales: Un conflicto menor se ve como el final de una amistad o relación.

Entorno profesional: los comentarios críticos en el trabajo se interpretan como una amenaza directa para la propia carrera.

Salud: Los síntomas leves se interpretan erróneamente como signos de una enfermedad grave.

Efectos de la catastrofización

Los efectos de la catastrofización pueden ser profundos:

Bienestar emocional: Puede contribuir a trastornos de ansiedad, depresión y trastornos generales del estado de ánimo.

Toma de decisiones: Las personas pueden paralizarse o tomar decisiones inadecuadas porque sobrestiman las posibles consecuencias negativas.

Relaciones interpersonales: La catastrofización puede tensar las relaciones y provocar una falta de confianza y apoyo.

Superar la catastrofización

Para superar la tendencia a la catastrofización, pueden ser útiles las siguientes estrategias:

Reestructuración cognitiva: aprender a reconocer los pensamientos negativos automáticos y sustituirlos por valoraciones más realistas.

Práctica de la atención plena: la atención plena puede ayudarle a centrarse en el aquí y ahora y menos en escenarios del tipo "qué pasaría si...".

Estrategias de afrontamiento orientadas a los problemas: En lugar de centrarse en las posibles catástrofes, tome medidas proactivas para resolver los problemas o prepararse para ellos.

Catastrofizar es un reto que puede influir mucho en nuestros pensamientos y acciones. Desarrollando estrategias de afrontamiento y adoptando una visión más realista de nuestros pensamientos, podemos minimizar la tendencia a catastrofizar y llevar una vida más equilibrada.

CONDENA SANITARIA COMPENSATORIA

La creencia compensatoria en la salud es un fenómeno que hace referencia al modo en que las personas justifican comportamientos de riesgo o poco saludables asumiendo que pueden compensarlos con actividades saludables. En este capítulo analizamos la psicología que subyace a esta creencia y cómo influye en nuestro comportamiento en términos de salud y bienestar.

Comprender la convicción sanitaria compensatoria

Las creencias compensatorias sobre la salud se basan en la suposición de que las personas tienen una necesidad interna de mantener una imagen positiva de sí mismas mientras persiguen comportamientos que prometen una gratificación inmediata. Esta creencia suele llevar a una contabilidad mental en la que las acciones poco saludables se justifican con futuras acciones compensatorias saludables.

Dinámicas psicológicas y sus efectos

Las personas que se adhieren a este tipo de pensamiento compensatorio tienden a subestimar las consecuencias negativas de sus acciones y, al mismo tiempo, a sobrestimar el potencial de las acciones compensatorias. El resultado es una falsa sensación de seguridad sobre la propia salud, que puede conducir a un ciclo de decisiones autosaboteadoras. Por ejemplo, después de comer comida rápida, alguien puede planear ir al gimnasio más tarde, pero es posible que no cumpla estos planes o que no sean suficientes para compensar los efectos de la ingesta calórica.

El vínculo con la autorregulación

Las creencias compensatorias sobre la salud están estrechamente relacionadas con la capacidad de autorregulación. Las personas con una gran capacidad de autorregulación son más capaces de dar prioridad a los objetivos de salud a largo plazo frente a los placeres a corto plazo. Sin embargo, sin una autorregulación fuerte, las personas pueden caer en patrones de pensamiento autoengañosos que les permitan continuar con comportamientos perjudiciales para su salud.

Estrategias para un estilo de vida más saludable

Para superar las creencias compensatorias sobre la

salud, es importante desarrollar una comprensión profunda de los efectos a largo plazo de los comportamientos saludables, al tiempo que se refuerzan las habilidades de autorregulación. Esto puede lograrse mediante una combinación de educación, introspección y el desarrollo de un entorno social de apoyo que fomente estilos de vida saludables.

La creencia compensatoria sobre la salud es una fuerza poderosa que puede moldear nuestro comportamiento en la vida cotidiana. Si tomamos conciencia de las trampas de esta forma de pensar y aprendemos a cuestionar críticamente nuestras acciones, podremos poner en práctica estrategias más eficaces para la salud y el bienestar en nuestras vidas. Trabajando continuamente en nuestra comprensión de la salud y en cómo nuestras elecciones diarias afectan a nuestro bienestar a largo plazo, podemos allanar el camino hacia una vida más sana y satisfactoria.

ILUSIÓN DE CONTROL

En el complejo panorama de la cognición humana, la ilusión de control es un fenómeno fascinante. Describe la creencia de una persona de que tiene más influencia o control sobre los acontecimientos de lo que realmente tiene. Este capítulo explorará cómo la ilusión de control determina nuestras decisiones, nuestro bienestar y nuestras interacciones con el mundo que nos rodea.

Explorar la ilusión de control

La ilusión de control tiene su origen en la profunda necesidad humana de comprender el entorno y hacerlo predecible. La gente se siente más cómoda cuando cree que tiene el control, aunque sólo sea una ilusión. Esta tendencia puede observarse, por ejemplo, en los juegos de azar, en los que los jugadores creen que pueden influir en el resultado aunque se trate puramente de un juego de azar.

La psicología tras la ilusión de control

Nuestro deseo de control es tan fuerte que

a menudo buscamos indicios de que nuestras acciones influyen, aunque no exista una relación causal. Esto puede llevarnos a reconocer patrones en datos aleatorios o a encontrar explicaciones sobrenaturales a sucesos inexplicables. Esta tendencia se ve reforzada por la necesidad de certeza y el deseo de reducir la incertidumbre y la ansiedad que conlleva.

La ilusión de control en la vida cotidiana

El fenómeno de la ilusión de control no se limita a los juegos de azar. También puede observarse en otros aspectos de la vida, como en el mundo financiero, donde los inversores creen que pueden predecir los movimientos del mercado, o en la sanidad, donde los pacientes a veces están convencidos de que pueden influir en el curso de una enfermedad mediante el pensamiento positivo.

La ilusión de control puede tener consecuencias tanto positivas como negativas. En el lado positivo, puede aumentar la confianza en uno mismo y motivar a las personas para afrontar retos. En el lado negativo, puede llevar a un comportamiento excesivamente arriesgado, a la frustración y a la decepción cuando no se materializan los resultados esperados.

Estrategias para afrontar la ilusión de control

Para reconocer y superar la ilusión de control, es importante comprender los límites de nuestro control y aceptar que muchos aspectos de la vida dependen del azar y de factores externos. Aprender a pensar de forma estadística y probabilística también puede ser útil para establecer expectativas más realistas del control que podemos tener sobre distintas situaciones.

La ilusión de control forma parte integrante del pensamiento humano e influye en muchas de nuestras decisiones cotidianas. Creando conciencia de los límites de nuestra influencia y aprendiendo a aceptar la incertidumbre, podemos lograr una actitud más sana hacia el control y el azar.

LA LEY DEL INSTRUMENTO

La Ley de la Herramienta, a menudo citada como "Si todo lo que tienes como herramienta es un martillo, todos los problemas parecen clavos", describe un sesgo cognitivo que lleva a las personas a recurrir a herramientas o métodos conocidos, aunque no sean los más eficaces para la tarea que tienen entre manos. En este capítulo exploramos la dinámica que subyace a este sesgo y cómo influye en nuestra forma de pensar y actuar en distintos ámbitos de la vida.

Comprender la ley del instrumento

La ley del instrumento, también conocida como el martillo de Maslow, ilustra la tendencia humana a confiar en sus habilidades o herramientas conocidas en lugar de buscar nuevas soluciones que puedan ser más adecuadas. Esta tendencia puede conducir a soluciones ineficaces y, a veces, incluso al fracaso total en la resolución de problemas.

Antecedentes psicológicos

Las razones para aferrarse a herramientas conocidas son complejas. Reflejan nuestra profunda necesidad de competencia y control y están relacionadas con el concepto de economía cognitiva, cuyo objetivo es minimizar el esfuerzo mental. Esto puede llevar a que las personas desarrollen una tendencia a permanecer en patrones familiares en lugar de dedicar tiempo y recursos a aprender formas nuevas y potencialmente inseguras de hacer las cosas.

Ya sea en un entorno profesional, donde los directivos recurren a estrategias probadas que les llevaron al éxito en el pasado pero que quizá ya no estén actualizadas, o en la vida cotidiana, donde los individuos recurren a pautas de comportamiento conocidas, aunque ya no les reporten el éxito deseado, la ley del instrumento es omnipresente.

Consecuencias de la ley del instrumento

Los efectos de este sesgo cognitivo pueden ser considerables. Puede limitar el desarrollo personal, inhibir la innovación y, en casos extremos, hacer que no se resuelvan problemas importantes. En un mundo que cambia con rapidez, la incapacidad para pensar de forma innovadora puede ser perjudicial tanto para las personas como para las organizaciones.

Superar la ley del instrumento

Superar la ley del instrumento exige un esfuerzo

consciente para cuestionar nuestros hábitos y estar abiertos a nuevos planteamientos. Se trata de desarrollar la flexibilidad y la adaptabilidad y de fomentar una cultura de aprendizaje continuo. Esto puede lograrse mediante una formación específica, la colaboración interdisciplinar y el fomento de una cultura de la curiosidad que acoja soluciones innovadoras y nuevas perspectivas.

La ley del instrumento nos enseña que confiar en métodos y herramientas conocidos, aunque resulte cómodo, puede impedirnos encontrar soluciones eficaces a nuevos retos. Si aprendemos a apreciar la diversidad en nuestros planteamientos y formas de pensar, podremos adaptarnos mejor a unas circunstancias siempre cambiantes y encontrar una solución más productiva, creativa y eficaz a los problemas.

LA MENTIRA DE LA VIDA

La mentira vital es un concepto profundamente arraigado en la psique humana. Describe una falsedad fundamental que una persona mantiene sobre su propia vida para evitar conflictos, eludir el dolor o mantener una imagen coherente de sí misma. Este capítulo está dedicado a examinar la mentira vital, sus efectos psicológicos y el modo en que las personas concilian su percepción de la realidad con sus creencias y deseos internos.

Explorar la mentira de la vida

La mentira vital puede adoptar muchas formas, desde negar verdades desagradables sobre uno mismo o los seres queridos hasta mantener una fachada de éxito y felicidad que no se corresponde con la realidad interior. Estas ilusiones suelen construirse y mantenerse para proteger la propia autoestima y evitar la confusión emocional.

Principios psicológicos y sus consecuencias

La mentira vital suele ser un intento de hacer

frente a la disonancia cognitiva, es decir, a situaciones en las que nuestras creencias y nuestro comportamiento no coinciden. Puede ofrecer protección psicológica a corto plazo, pero a largo plazo suele provocar conflictos internos, estrés y una percepción distorsionada de nuestra propia identidad y del mundo que nos rodea.

La mentira de la vida cotidiana
En la vida cotidiana, la mentira vital puede llevar a las personas a permanecer en relaciones insanas, carreras poco satisfactorias u otras circunstancias vitales poco útiles, ya que enfrentarse a la verdad se percibe como demasiado amenazador. Mantener esa ilusión puede obstaculizar considerablemente la toma de decisiones que conducen a la felicidad y la realización reales.

Estrategias para afrontar la mentira de la vida
Enfrentarse a la propia mentira vital requiere valor y la voluntad de afrontar verdades potencialmente dolorosas. Puede ser necesario buscar ayuda profesional para comprender las razones profundas de la mentira vital y desarrollar estrategias para afrontar la realidad.

La mentira vital es un fenómeno complejo que requiere un profundo conocimiento de uno mismo y de su pasado. Aprendiendo a ser honestos con nosotros mismos y cuestionando nuestras creencias más íntimas, podemos empezar a llevar vidas más auténticas y, en última instancia, más satisfactorias.

MERO EFECTO DE EXPOSICIÓN

El efecto de mera exposición, también conocido como efecto de mera presentación, es un fenómeno psicológico que describe la creciente preferencia de una persona por un objeto o sujeto basándose únicamente en su percepción repetida del mismo. Este capítulo se sumerge en los matices de este efecto, cómo influye en nuestro comportamiento y el papel que desempeña en nuestras decisiones y preferencias cotidianas.

Descubrimiento del efecto de mera exposición

La identificación de este efecto se remonta al psicólogo Robert Zajonc, que demostró en los años 60 que la mera repetición es suficiente para mejorar las actitudes hacia un estímulo. Esto ocurre sin necesidad de más experiencias positivas con el estímulo.

Cómo funciona el efecto de mera exposición

El efecto de mera exposición está profundamente arraigado en la naturaleza humana y está relacionado con la comodidad de la familiaridad. La exposición frecuente a un estímulo puede conducir a una forma de aprendizaje no asociativo, según el cual la presencia familiar del estímulo se interpreta como segura y, por tanto, preferible.

Implicaciones del efecto de mera exposición

Las implicaciones de este efecto son variadas y de gran alcance. Influye en todo, desde nuestras relaciones interpersonales -nos gusta más la gente a la que vemos a menudo- hasta el marketing y la publicidad, donde las marcas crean un vínculo más fuerte con los consumidores a través de la exposición repetida.

El efecto desempeña un papel sutil pero poderoso en muchos aspectos de la vida cotidiana. Influye en la música que nos gusta, en los productos que compramos e incluso en nuestras actitudes políticas y sociales. Las empresas utilizan el efecto para crear lealtad a la marca, y en política puede influir en la opinión pública sobre candidatos o temas.

El efecto de mera exposición puede presentar tanto retos como oportunidades. Por un lado, puede llevar a una evaluación superficial basada en la familiaridad más que en las características de calidad. Por otro, puede servir como herramienta eficaz para promover hábitos positivos o el cambio social al aumentar la aceptación de nuevas ideas mediante su presentación repetida.

Superar las limitaciones del mero efecto de exposición

Para ir más allá de las limitaciones del efecto de mera exposición, es importante ser consciente de cómo influye la repetición en nuestras preferencias y buscar activamente aspectos cualitativos que vayan más allá de la mera familiaridad. Participar conscientemente en nuevas experiencias puede ayudar a ampliar horizontes y a desarrollar un aprecio más profundo por la diversidad.

El efecto de mera exposición es la prueba de que la repetición no sólo desempeña un papel en la música o el aprendizaje, sino que también es un principio fundamental que moldea nuestras actitudes y decisiones. Reconocer cómo funciona este efecto nos permite tener una visión más equilibrada de nuestras preferencias y elecciones.

LEVE ERROR DE DUREZA

El sesgo de indulgencia-dureza es un sesgo en el juicio de los demás en el que la evaluación es demasiado indulgente o demasiado dura, dependiendo del contexto. En este capítulo se examinan las circunstancias que conducen a este sesgo, sus repercusiones en las relaciones interpersonales y profesionales y las posibles formas de promover juicios más justos.

Exploración del error suavidad-dureza

Este error se produce cuando los evaluadores tienden a ser demasiado indulgentes o demasiado duros en sus valoraciones, en lugar de adoptar una perspectiva equilibrada y objetiva. La tendencia a ser indulgente puede deberse al deseo de evitar conflictos o parecer comprensivo, mientras que la dureza suele ser consecuencia de normas personales estrictas o de la desconfianza.

Dinámica psicológica detrás del error

El sesgo de indulgencia-dureza está estrechamente

relacionado con el concepto de deseabilidad social, según el cual los individuos tienden a juzgar o actuar de un modo que creen que será evaluado positivamente por los demás. Por otra parte, una necesidad excesiva de rigor y de cumplimiento de las normas puede llevar a los jueces a ser inflexibles e implacables.

Efectos del error suavidad-dureza
Las consecuencias de este error de valoración son complejas:

En **un contexto profesional**, puede dar lugar a una evaluación injusta del rendimiento que no refleje ni el verdadero rendimiento ni el potencial de mejora.

En **pedagogía,** este error puede conducir a una evaluación distorsionada del rendimiento de los alumnos que no refleje sus capacidades o necesidades reales.

En las **relaciones personales**, el error puede llevar a las personas a depositar expectativas poco realistas en los demás o a evitar las confrontaciones necesarias y el establecimiento de límites.

Estrategias para superar el error de dureza leve
Combatir el error indulgencia-dureza requiere ser consciente de los propios prejuicios y tener la intención de ser justo:

Elaborar criterios y directrices claros para las evaluaciones puede contribuir a garantizar la coherencia y la objetividad.

La formación y los talleres de sensibilización sobre los prejuicios pueden contribuir a aumentar la equidad.

La autorreflexión y los comentarios de los demás pueden ayudarle a revisar y adaptar su propia práctica de evaluación.

El sesgo indulgencia-dureza es un fenómeno arraigado que puede persistir sin esfuerzos conscientes de autorreflexión y autocorrección. Si reconocemos este sesgo y aplicamos estrategias para superarlo, podremos crear un entorno más equilibrado y equitativo para la evaluación, ya sea en el lugar de trabajo, en las instituciones educativas o en nuestra vida personal.

SIN TENER EN CUENTA LA ESCALA

El desprecio de la escala describe un sesgo en el que las personas minimizan o ignoran la importancia de los criterios o normas en su toma de decisiones. En este capítulo se analizan las razones por las que a veces los individuos desprecian las normas establecidas y las consecuencias que ello puede tener en los procesos de toma de decisiones individuales y colectivas.

Comprender el desprecio de la escala

La gente toma decisiones todos los días, desde las más triviales hasta las que cambian la vida. Para muchas de estas decisiones existen criterios o puntos de referencia que ayudan a obtener los mejores resultados posibles. El incumplimiento de la norma se produce cuando estos criterios no se tienen en cuenta, se aplican mal o se rechazan de plano. A menudo esto ocurre bajo la influencia de las emociones, opiniones subjetivas o bajo la presión de circunstancias externas.

Influencias psicológicas y su efecto

Detrás del desprecio por las normas suele estar la tendencia humana a confiar en juicios intuitivos. Esto puede dar lugar a decisiones que se centran en objetivos a corto plazo o necesidades inmediatas en lugar de perspectivas a largo plazo y criterios objetivos. Por ejemplo, un directivo puede contratar a un candidato basándose en un buen presentimiento, aunque no cumpla los requisitos formales de cualificación.

Consecuencias de no tener en cuenta la balanza

Si las personas no reconocen la importancia de los criterios y puntos de referencia establecidos, esto puede dar lugar a una serie de resultados que no sean óptimos. En las organizaciones, esto puede traducirse en procesos ineficaces, bajo rendimiento y pérdida de credibilidad. A nivel personal, la falta de respeto por las normas puede llevar a tomar decisiones equivocadas que afecten al bienestar y la calidad de vida.

Enfoques para el mantenimiento de las normas

Es esencial que los individuos aprendan a reconocer la importancia de las normas y las incorporen sistemáticamente a sus procesos de toma de decisiones. Esto puede promoverse mediante una educación y una formación que hagan hincapié en el valor de la deliberación racional y los criterios objetivos. Además, es importante crear sistemas y estructuras que apoyen y recompensen la adhesión a las normas para garantizar que las decisiones no se basen únicamente en opiniones subjetivas.

No tener en cuenta la norma es un indicio de la facilidad con que las experiencias subjetivas y los prejuicios pueden eclipsar los criterios objetivos. Si reconocemos la importancia de las buenas normas y procuramos adherirnos a ellas, podremos tomar decisiones mejores y más justas tanto en el ámbito personal como en el profesional.

EFECTO SEGUIDOR

En la sociedad humana, la necesidad de pertenencia y reconocimiento es un motor clave del comportamiento. El efecto bandwagon desempeña aquí un papel importante, ya que describe cómo los individuos adoptan las opiniones, comportamientos y decisiones de la mayoría, a menudo sin cuestionarlos críticamente.

La dinámica del efecto seguidor

El efecto seguidor se manifiesta en la tendencia de las personas a unirse a un grupo o a la opinión predominante, especialmente cuando ésta se hace cada vez más popular. Este efecto puede estar motivado por el deseo de aceptación social, la evitación de la confrontación o simplemente por la suposición de que un gran número de personas no puede estar equivocado.

Perspectivas psicológicas y sociales

Desde una perspectiva psicológica, el efecto seguidor puede considerarse un mecanismo que ayuda a los individuos a integrarse en grupos sociales y a reducir la incertidumbre. Socialmente, fomenta la conformidad y puede conducir a la rápida difusión de tendencias e ideas, lo que puede tener consecuencias tanto positivas como negativas.

Consecuencias del efecto seguidor

Las consecuencias del efecto bandwagon son complejas. En la economía, puede dar lugar a fenómenos de mercado irracionales, como burbujas especulativas. En política, puede influir en las elecciones socavando el debate crítico sobre cuestiones políticas. En la sociedad, puede promover la aparición de una cultura homogénea en la que se supriman las desviaciones y la individualidad.

Enfoques para superar el efecto seguidor

Para superar el efecto "bandwagon", es crucial reforzar las capacidades individuales de pensamiento crítico y crear entornos que valoren la diversidad y las opiniones discrepantes. La educación y el discurso abierto pueden ayudar a concienciar sobre los mecanismos del efecto bandwagon y subrayar el valor del juicio independiente.

El efecto seguidor es un fenómeno social profundamente arraigado que tiene raíces tanto evolutivas como culturales. Aunque ajustarse a las normas del grupo puede ser un elemento importante de cohesión social, es importante encontrar un equilibrio que también respete las opciones y opiniones individuales. Concienciando sobre este efecto y fomentando la capacidad de reflexión crítica, podemos configurar una sociedad que promueva tanto la cohesión como la individualidad.

TENDENCIA POSTERIOR A DAR RAZONES

La tendencia a racionalizar a posteriori, también conocida como racionalización post-hoc, se refiere al proceso por el cual las personas construyen una explicación o justificación de su comportamiento o decisiones a posteriori, aunque las razones originales ya no sean válidas o nunca hayan existido. Este capítulo examina cómo y por qué las personas recurren a tales racionalizaciones y el impacto que ello tiene en el desarrollo personal y el entendimiento interpersonal.

Comprender la tendencia a la justificación posterior

Esta tendencia se caracteriza porque las personas reinterpretan sus acciones y creencias pasadas a la luz de nueva información o resultados. Suele hacerse para reducir la disonancia cognitiva, es decir, el malestar causado por creencias

contradictorias o una falta de correspondencia
entre creencias y acciones.

El papel de la disonancia cognitiva

La teoría de la disonancia cognitiva, introducida
por Leon Festinger, desempeña un papel clave en
la comprensión de la tendencia posterior a razonar.
Las personas se esfuerzan por mantener un sistema
coherente de creencias y, cuando encuentran
información que perturba este sistema, tienden a
ajustar sus recuerdos y opiniones para volver a
alinearlos.

Efectos de la tendencia a la justificación posterior

Los efectos de esta tendencia pueden ser de
gran alcance. Puede conducir a una percepción
distorsionada de uno mismo y mermar la
capacidad de autorreflexión objetiva. En las
relaciones sociales y profesionales, puede dar lugar
a malentendidos y conflictos, ya que socava la base
de una comunicación transparente y honesta.

Estrategias para hacer frente a la tendencia posterior a dar razones

Para contrarrestar la tendencia a racionalizar a
posteriori, es importante ser consciente de la
propia falibilidad y de la posibilidad de cometer
errores. Una cultura de apertura y la voluntad de
admitir los errores y aprender de ellos pueden
ayudar a superar el impulso de racionalizar.
También es útil comprometerse activamente con

puntos de vista opuestos y cultivar una actitud de curiosidad y aprendizaje permanente.

La tendencia a justificar nuestro comportamiento a posteriori es un impulso humano natural que sirve para proteger nuestra imagen de nosotros mismos y nuestra visión del mundo. Sin embargo, al aprender a reconocer y cuestionar este comportamiento, podemos desarrollar una comprensión más profunda de nosotros mismos y del mundo que nos rodea.

EFECTO ROSENTHAL

El efecto Rosenthal, también conocido como efecto Pigmalión, es un fenómeno que demuestra cómo las expectativas positivas pueden influir en el rendimiento de una persona. Descubierto originalmente en la investigación educativa, donde las expectativas de los profesores influían significativamente en el rendimiento de los alumnos, este efecto ha demostrado su eficacia en muchos ámbitos de la interacción humana.

Fundamentos del efecto Rosenthal

Robert Rosenthal, el primero en describir este efecto, descubrió que las expectativas que una persona tiene de otra suelen convertirse en una profecía autocumplida. Por ejemplo, si los profesores creen que determinados alumnos tienen una inteligencia superior a la media, tienden a prestarles más atención y apoyo, lo que a su vez mejora su rendimiento.

Mecanismos del efecto Rosenthal

El efecto de las expectativas puede explicarse de varias maneras:

Comunicación de expectativas: Las expectativas positivas suelen comunicarse, consciente o inconscientemente, a través de señales no verbales, lo que aumenta la confianza y la motivación de la persona afectada.

Cambios en la interacción: las mayores expectativas hacen que los profesores, superiores o padres inviertan más tiempo y energía en las personas afectadas.

Autoeficacia: La mayor atención y los comentarios positivos pueden mejorar la autoimagen de las personas y darles la sensación de que son capaces de cumplir las expectativas depositadas en ellas.

Impacto del efecto Rosenthal

Las consecuencias de este efecto son de gran alcance:

En los **centros educativos**, el efecto Rosenthal puede ayudar a influir significativamente en el rendimiento académico de los alumnos.

En el **lugar de trabajo**, las expectativas de los superiores pueden influir en la productividad y la satisfacción laboral de los empleados.

En el **desarrollo personal**, creer en las propias capacidades puede facilitar la consecución de objetivos.

Superar las expectativas negativas

Es igualmente importante ser consciente del lado negativo del efecto Rosenthal: Las expectativas negativas pueden provocar una disminución del rendimiento. El reto consiste en hacer un esfuerzo consciente para cultivar expectativas positivas y superar los estereotipos negativos.

El efecto Rosenthal pone de relieve el poder de las expectativas y la importancia de las actitudes que mantenemos hacia los demás. Al comprender este efecto, las instituciones educativas, las empresas y los individuos pueden aprender a crear un entorno que maximice el potencial de cada persona.

PROFECÍA AUTOCUMPLIDA

La profecía autocumplida es un concepto sociopsicológico que afirma que una definición inicial incorrecta de una situación puede llevar a desencadenar un nuevo comportamiento que haga realidad la concepción originalmente incorrecta. Esta interacción dinámica y a menudo inconsciente entre creencia y comportamiento puede moldear los destinos individuales y los fenómenos sociales.

Desvelar la profecía autocumplida

La profecía autocumplida comienza con una creencia o expectativa, correcta o incorrecta, que influye en las acciones de un individuo. Estas acciones pueden crear las condiciones para que la creencia original se haga realidad. La profecía se autocumple al moldear el comportamiento y las percepciones para que coincidan con la expectativa original.

Implicaciones psicológicas y sociales

La profecía autocumplida puede observarse en

todos los contextos sociales: desde la educación, donde las expectativas de los profesores pueden influir en el rendimiento de los alumnos, hasta los mercados financieros, donde las expectativas de los inversores pueden provocar movimientos reales del mercado. A nivel personal, creer en el propio talento o en la propia insuficiencia puede tener un profundo impacto en la autoestima y los logros personales.

Consecuencias y tratamiento

La profecía autocumplida puede tener resultados tanto positivos como negativos. Las expectativas positivas pueden aumentar la confianza en uno mismo y mejorar el rendimiento, mientras que las negativas pueden llevar a la resignación y al fracaso. Ser conscientes de esta dinámica puede ayudar a individuos y organizaciones a crear entornos de apoyo que fomenten el pensamiento y la acción positivos.

Estrategias para utilizar la profecía autocumplida

Reconocer el poder de las expectativas puede servir para promover cambios positivos tanto en tu vida como en la de los demás. Al establecer objetivos positivos y centrarte en tus puntos fuertes, puedes aumentar la probabilidad de que se produzcan resultados positivos. En funciones de liderazgo, establecer expectativas altas pero alcanzables puede mejorar la motivación y el rendimiento del equipo.

La profecía autocumplida nos recuerda que nuestras creencias y expectativas pueden tener un poderoso efecto sobre la realidad. Si comprendemos cómo influyen nuestras actitudes en nuestro comportamiento y en el de los demás, podemos aprender a utilizarlas en beneficio de todos.

CONCLUSIÓN Y REFLEXIÓN

Con la consideración de la profecía autocumplida, concluimos nuestra exhaustiva exploración del mundo de las distorsiones cognitivas y los efectos psicológicos. Este capítulo final sirve como reflexión sobre el viaje que hemos realizado y una mirada a cómo la comprensión de estos conceptos puede cambiar la forma en que nos vemos a nosotros mismos y al mundo que nos rodea.

Resumen de los resultados

A lo largo de los capítulos, hemos aprendido sobre una serie de sesgos que influyen en nuestros pensamientos y acciones. Desde la forma en que procesamos la información (sesgo de confirmación), pasando por la dificultad que tenemos para reconocer nuestros propios defectos (efecto Dunning-Kruger), hasta la tendencia a aferrarnos a creencias mantenidas en el pasado (efecto de perseverancia), ha quedado claro que nuestras mentes son complejas y falibles.

Importancia para la vida cotidiana

Las conclusiones de este libro no son sólo de interés académico; tienen relevancia práctica para nuestra vida cotidiana. Una mejor comprensión de los sesgos cognitivos puede llevarnos a tomar mejores decisiones en la planificación financiera, el desarrollo profesional, las relaciones interpersonales y la interacción social.

El camino hacia el autoconocimiento

Abordar las distorsiones cognitivas es también un camino hacia el autoconocimiento. Aprendiendo a reconocer nuestros propios errores de juicio, podemos trabajar para superarlos. Este proceso de autorreflexión puede ayudarnos a ser más conscientes, compasivos y eficaces en nuestras acciones.

Perspectivas y aplicación

El conocimiento de los sesgos cognitivos debe aplicarse en las instituciones educativas, las empresas, la política y otros ámbitos de la vida pública para mejorar los procesos de toma de decisiones y llegar a juicios justos y equilibrados. Además, la investigación continua en este campo puede ayudar a desarrollar nuevos métodos para minimizar los efectos negativos de estos sesgos.

Tomar conciencia de los sesgos cognitivos es un paso crucial hacia una comprensión más clara de la complejidad del juicio humano. Nos desafía a ser humildes y conscientes, a cuestionar nuestros propios patrones de pensamiento y a permanecer abiertos al crecimiento y al cambio. Las distorsiones presentadas en este libro son ventanas al alma humana que no sólo nos muestran nuestras limitaciones, sino que también señalan el camino hacia nuestro potencial.

Al terminar este libro, esperamos que los lectores hayan adquirido las herramientas y la comprensión necesarias para reconocer y dominar las fuerzas sutiles que subyacen a nuestros pensamientos y decisiones cotidianos. El objetivo no es la perfección, sino la búsqueda continua de la mejora, la comprensión y la sabiduría. Que estos conocimientos te sirvan de guía para navegar tanto por el mundo como por el interior de tu propia mente, con más conciencia, empatía y claridad.

PARA SABER MÁS

Sesgos cognitivos y toma de decisiones:

Kahneman, Daniel. "Pensar, rápido y despacio". Farrar, Straus y Giroux, 2011.
Tversky, Amos; Kahneman, Daniel. "Judgment under Uncertainty: Heuristics and Biases". Science, 1974.

Psicología social y comportamiento de grupo:

Aronson, Elliot. "El animal social". Worth Publishers, 2011.
Cialdini, Robert B. "Influencia: la psicología de la persuasión". Harper Business, 2006.

Autoconocimiento y desarrollo personal:

Dweck, Carol S. "Mindset: La nueva psicología del éxito". Random House, 2006.
Gilbert, Daniel. "Tropezando con la felicidad. Knopf, 2006.

Comunicación y relaciones interpersonales:

Gottman, John M.; Silver, Nan. "Los siete principios

para que el matrimonio funcione". Harmony, 2015.
DeWall, C. Nathan; Bushman, Brad J. "Manual de psicología social". Wiley, 2016.

Psicología empresarial y comportamiento del mercado:

Thaler, Richard H. "Misbehaving: The Making of Behavioural Economics". W. W. Norton & Company, 2015.
Ariely, Dan. "Predictably Irrational: The Hidden Forces That Shape Our Decisions (Previsiblemente irracional: las fuerzas ocultas que determinan nuestras decisiones). HarperCollins, 2008.

Educación y aprendizaje:

Rosenthal, Robert; Jacobson, Lenore. "Pygmalion in the Classroom: Teacher Expectation and Pupils' Intellectual Development". Crown House Publishing, 1992.
Dweck, Carol S. "Teorías del yo: su papel en la motivación, la personalidad y el desarrollo". Psychology Press, 2000.

Psicología de la salud:

Taylor, Shelley E. "Psicología de la salud". McGraw-Hill Education, 2018.
Ogden, Jane. "La psicología de la alimentación: de la conducta sana a la conducta desordenada". Wiley-Blackwell, 2010.

Liderazgo y organización:

Gladwell, Malcolm. "Outliers: La historia del éxito". Little, Brown and Company, 2008.
Pink, Daniel H. "Drive: La sorprendente verdad sobre lo que nos motiva". Riverhead Books, 2011.

Pensamiento crítico y lógica:

Levitin, Daniel J. "Guía de campo de la mentira: pensamiento crítico en la era de la información". Dutton, 2016.
Paul, Richard; Elder, Linda. "Pensamiento crítico: herramientas para tomar las riendas de su vida profesional y personal". FT Press, 2002.

Cambio y adaptación:

Duckworth, Angela. "Grit: El poder de la pasión y la perseverancia". Scribner, 2016.
Heath, Chip; Heath, Dan. "Switch: Cómo cambiar las cosas cuando el cambio es difícil". Crown Business, 2010.

Pie de imprenta:

Editor y redactor:
TTENTION Inc.
Trolley SQ 20c
Wilmington
DE 19806

Descargo de responsabilidad

Este libro, incluida toda la información y recomendaciones que contiene, ha sido escrito con el mayor cuidado y según el leal saber y entender del autor. Sin embargo, el autor y el editor no asumen ninguna garantía ni responsabilidad por la actualidad, integridad y exactitud del contenido proporcionado.

La información contenida en este libro tiene únicamente fines educativos e informativos. No pretende sustituir el consejo, diagnóstico o tratamiento médico profesional. Los lectores siempre deben buscar el consejo de profesionales sanitarios cualificados para cuestiones específicas sobre su salud o condiciones médicas y no deben confiar únicamente en la información proporcionada en este libro.

El autor no se hace responsable de ningún daño directo, indirecto, incidental, consecuente o de otro tipo que pueda derivarse del uso de la información contenida en este libro. Esto incluye, entre otros, la pérdida de datos o beneficios, la interrupción de la actividad empresarial y los daños personales.

La utilización de los materiales contenidos en este libro es por cuenta y riesgo del lector. El uso de cualquier información contenida en este libro es responsabilidad personal del lector, por lo que el autor aconseja precaución y recomienda buscar información y opiniones adicionales.

www.ingramcontent.com/pod-product-compliance
Lightning Source LLC
Chambersburg PA
CBHW050813260726

48660CB00004B/1404